Valentin Wember

Was will Waldorf wirklich?

Die unbekannte Erziehungskunst Rudolf Steiners

Ein Vortrag für Eltern und Lehrer

Stratosverlag

Das Buch kann direkt beim Verlag bestellt werden:
Online im Internet: www.Stratosverlag.de
und auch über den Buchhandel.

Der Stratosverlag im Internet:
www.stratosverlag.de
www.stratosbooks.com

Erste Auflage 2019

Einbandgestaltung von Wolfram Schildt, Berlin
Unter Verwendung einer Wandtafelzeichnung von Rudolf Steiner
Mit freundlicher Erlaubnis des Rudolf-Steiner-Archivs, Dornach

Satz: Höpcke, Hamburg
Druck und Bindung: Nomos, Sinzheim

ISBN: 978-3-943731-28-6

Inhaltsverzeichnis

Vorbemerkungen

Vorbemerkung 1

„Was will Waldorf wirklich?" ist der Titel eines Vortrages, den ich 2018 und 2019 an verschiedenen Orten in Mitteleuropa (u. a. Berlin, München, Stuttgart, Basel, Zürich) sowie in Sydney (Australien) und in Chengdu (China) gehalten habe. Das vorliegende Buch ist ein Autoreferat dieses Vortrages, allerdings mit einer Besonderheit: Im frei gehaltenen mündlichen Vortrag wurden in der Regel nur zwei (oder maximal drei) Beispiele zur Illustration der Erziehungskunst Steiners dargestellt, und zwar in verschiedenen Städten unterschiedliche Beispiele. In die Buchfassung wurden sämtliche Beispiele aufgenommen, die auf verschiedene Städte verteilt waren. Insofern ist das vorliegende Buch im zweiten Teil eine Zusammenstellung der unterschiedlichen mündlichen Fassungen. Das Gleiche gilt für die Fragenbeantwortungen in Teil 3.

Anders verhält es sich mit dem Anhang. Im Anhang geht es um methodenkritische Überlegungen zu der Frage, wie Rudolf Steiner zu seinen geisteswissenschaftlichen Entdeckungen zur Pädagogik gekommen ist. Der Anhang hat also thematisch nichts direkt mit dem Buchtitel zu tun. Er kam dadurch zustande, dass ich bei meinen Darstellungen der Pädagogik Rudolf Steiners auch mit Einwänden gegen Steiners Forschungsmethode konfrontiert worden bin, auf die ich zu antworten hatte.

Vorbemerkung 2

Wenn das Wort „Erziehen" so verstanden wird, dass Kinder zu etwas gezogen werden sollen, dann wird „Erziehung" übergriffig. Rudolf Steiner verwendete den Ausdruck „Erziehen" in einem anderen Sinn. Wörtlich: „Was man heranzieht, lässt man aber in seiner Wesenheit ungeschoren. Will man einen Stein aus dem Wasser ziehen, so zerschlägt man ihn nicht. Erziehung fordert nicht, dass man das Menschenwesen, das in die Welt hereintritt, in irgendeiner Weise zerschlägt oder vergewaltigt, sondern es heranzieht zu dem Erleben der Kulturstufe, auf der die Menschheit in dem Zeitpunkte steht, in dem dieses Menschenwesen heruntergestiegen ist aus göttlich-geistigen Welten in die sinnliche Welt." (GA 308, 81)[1]

Teil 1 Klarstellungen

Wenn man dem Menschen, namentlich dem werdenden Menschen, dem Kinde, wie ich schon sagte, gegenübertritt, kann man nicht auskommen damit, dass man gewisse Regeln hat darüber, wie es gut ist, zu erziehen und zu unterrichten, und dann sich etwa nach diesen Regeln richten will, wie man die Sache in der Technik tun kann. Das führt niemals zu einer wirklichen Schulpraxis. Zur Schulpraxis braucht man im Handhaben des Unterrichts, im Handhaben der Erziehung inneres Feuer, inneren Enthusiasmus; man braucht Impulse, die nicht verstandesmäßig nach Regeln von dem Lehrenden und Erziehenden auf das Kind übergehen, sondern die in intimer Weise hinüberwirken von dem Erziehenden oder Lehrenden auf das Kind. Der ganze Mensch muss als Erzieher wirken, nicht bloß der denkende Mensch; der fühlende Mensch muss es, der wollende Mensch muss es.

Rudolf Steiner, Bern 1924 (GA 309, 9)

1 Erfolg und Vorurteil

Fakten, Klischees und ein Misserfolg

Sehr verehrte Anwesende,
liebe Eltern, liebe Kolleginnen und Kollegen,

100 Jahre nach Gründung der ersten Waldorfschule geht es in diesem Vortrag um die *unbekannte* Erziehungskunst Rudolf Steiners. Es geht darum, die Frage zu beantworten: *Was will Waldorf wirklich?* Die Betonung liegt dabei auf „*wirklich*", und zwar deshalb, weil es immer noch gravierende Missverständnisse über die Pädagogik Rudolf Steiners gibt.
Die breite Öffentlichkeit kennt – mal mehr, mal weniger – vielleicht die Waldorf-*Schulen* und zuweilen hat man ein vages, zuweilen ein verzerrtes Bild von einigen Waldorf-Prinzipien: „Gibt es da nicht viel Kunst?" Oder: „Ich habe gehört, dass dort Leistung nicht so sehr eine Rolle spielt" oder: „Da soll doch das Kind im Mittelpunkt stehen" oder „Es geht um die Dreiheit von Kopf, Herz und Hand" oder „Da geht es mehr um Kreativität." Oder: „Da lernt man, seinen Namen zu tanzen." Mit derartigen Klischees sind weit verbreitete Vorurteile verbunden. Eine Waldorfschule – so eins dieser Vorurteile – sei gleichsam die „Soft-Version" des öffentlichen Schulsystems und verhalte sich zu diesem wie die Bio-Landwirtschaft zur konventionellen: weniger giftig, aber auch weniger leistungsorientiert. Eine Demeter-Kuh darf ihre Hörner behalten und bekommt kein angereichertes Kraftfutter, muss aber auch weniger Milch liefern. Ähnlich ergehe es – so die Mutmaßung – den Waldorfschülern: Sie müssen nicht so

viel Leistung bringen, aber sie dürfen etwas stress- und angstfreier lernen und ihre Hörner behalten.
So weit verbreitet das Vorurteil auch ist, so wenig entspricht es der Steiner'schen Erziehungskunst. Im Werk von Steiner kann man das Gegenteil lesen:

- Jeder einzelne Schüler soll das ihm mögliche Höchstmaß an denkerischer Klarheit entwickeln:
  „Wir müssen (so erziehen), dass der Mensch die ihm für das Leben höchste mögliche Klarheit im Denken (erringt).“
- Jeder einzelne Schüler soll das ihm mögliche Höchstmaß an Vertiefung und Differenziertheit des Fühlens entwickeln.
  „Wir müssen (so erziehen), dass der Mensch (...) im Fühlen die nach seinen Voraussetzungen für ihn denkbar höchste liebevolle Vertiefung (erringt).“
- Jeder einzelne Schüler soll das ihm mögliche Höchstmaß an Willenskraft entwickeln.
  „Wir müssen (so erziehen), dass der Mensch im Wollen die nach seinen Voraussetzungen[2] *höchste mögliche Energie und Tüchtigkeit erringe.“* (GA 309,40)

Es geht in der Steiner'schen Erziehungskunst also nicht um die weichere Variante des staatlichen Schulsystems, sondern um etwas völlig anderes. Aber davon weiß man immer noch viel zu wenig. Und das ist erstaunlich. Denn auf der einen Seite kann die Waldorfschulbewegung beachtliche Erfolge vorweisen, aber auf der anderen Seite steht auch ein gravierender Misserfolg. Zunächst zu den Erfolgen, danach zum Misserfolg. Bei den Erfolgen beziehe ich mich ausschließlich auf sogenannte „harte Fakten“ und beschränke mich auf drei

Beispiele:

Die Ausbreitung von 1 auf 1000

In nur hundert Jahren ist aus einer einzigen innovativen Schule eine weltweite Schulbewegung entstanden mit über 1200 Schulen in mehr als 60 Ländern. Das ist auf dem Sektor der Privatschulen ziemlich einzigartig und ein großer Erfolg.

Die Waldorfschulen waren Methoden-Pioniere

Etliche Methoden, die erstmalig von der Stuttgarter Waldorfschule angewandt wurden, haben inzwischen Eingang in die staatlichen Schulsysteme verschiedener Länder gefunden. Nur wenige Beispiele: Die Waldorfschulen haben den konzentrierenden „Block"- oder „Epochenunterricht" eingeführt. Das gibt es inzwischen auch an vielen staatlichen Schulen, mal mehr, mal weniger. Weiter: Die Waldorfschulen haben das Sitzenbleiben abgeschafft und statt der Notenzeugnisse charakterisierende Textzeugnisse eingeführt. 2009 zeigte eine Bertelsmann-Studie, dass das „Sitzenbleiben" wenig bringt, aber teuer ist.[3] In einigen Ländern sind deshalb inzwischen im Grundschulbereich Notenzeugnisse durch Textzeugnisse ersetzt worden und das Sitzenbleiben wurde in der Grundschule in etlichen Ländern abgeschafft.
Weiter: Die Waldorfschulen hatten von Anfang an einen hohen Anteil an künstlerischen und handwerklichen Fächern. Auch auf diesem Gebiet hat sich viel an den staatlichen Schulen getan und der Anteil an Kunst ist beträchtlich gestiegen. Die Waldorfschulen hatten hier eine Pionierfunktion. Auf der anderen Seite beklagt der wohl bekannteste Erziehungswissenschaftler der Welt, Sir Ken Robinson, immer noch, dass

der Anteil von Kunst und Bewegungsfächern an den staatlichen Schulen nach wie vor viel zu gering sei. Vor allem in den Köpfen der Menschen sähe das Ranking der Fächer immer noch ganz traditionell aus: Hoch oben im Ranking stehen die naturwissenschaftlichen Fächer, die Mathematik und die Sprachen. Viel weiter unten stehen sogenannte Nebenfächer wie Kunst oder Theater und Tanz. Dieses Ranking ist so verbreitet, dass es auch in den Köpfen von Waldorflehrern und Schülern fest eingenistet ist. In den Waldorfschulen gibt es den internen Ausdruck „Hauptunterricht" und nicht wenige Lehrer und Schüler denken: „Hauptunterricht – das sind die wichtigsten Fächer." (Denn zum „Hauptunterricht" gehören die naturwissenschaftlichen Fächer, sowie die Mathematik und die geisteswissenschaftlichen Fächer wie Geschichte und Deutsch.) Bei Rudolf Steiner kann man nachlesen, dass das ein Missverständnis ist. Die wirkliche Bedeutung von „Haupt-Unterricht" ist „Kopf-Unterricht". Der Ausdruck „Haupt-Unterricht" meint also nicht die wichtigsten Fächer. Die englische Übersetzung von „Hauptunterricht" in „Mainlessons" ist deshalb nicht nur irreführend, sondern schlechterdings falsch. Die korrekte Übersetzung wäre: „Head-Lessons". *Alle* Fächer sind bei Steiner gleich wichtige Fächer und wären in diesem Sinne „Main-Lessons". Und wenn wir schon dabei sind: Bei Steiner gibt es *drei* Gruppen von Fächern: Diejenigen Fächer, die vornehmlich (aber nicht nur) die kognitiven Fähigkeiten adressieren. Sie werden im „Haupt-Unterricht" gegeben. Damit sollte, so Steiner, der Tag beginnen. Zweitens gibt es diejenigen Fächer, die vornehmlich das rhythmische System des Menschen ansprechen, also den Atem- und Herzrhythmus. Dazu gehören Singen, Rezitieren, Sprechen und andere künstlerische Fächer. Und drittens gibt es diejenigen Fächer, die sich vornehmlich an das Bewegungssystem des Kindes wenden: Tanz, Turnen und der handwerkliche Unterricht vom Stricken und Nähen bis hin zum Schmieden, Schreinern und Schlossern. Mit diesen Fächern sollte der Schultag möglichst schließen – zumindest im Idealfall. Dass alle drei Fächergruppen gleich wichtig sind und vor allem gleich viel Zeit im Stundenplan erhalten sollten, ist immer noch revolutionär: „Ein Drittel Kopf-Unterricht, ein Drittel Kunst-Unterricht (Musik, Malen, Rezitieren, Theater, Bildhauern etc.) und ein Drittel Bewegung (Tanz, Eurythmie, Gymnastik, handwerkliche Fächer). Aber selbst in den Waldorfschulen ist es nicht leicht, diese Gewichtung durchzuhalten, auch wenn sich an den staatlichen Schulen einiges getan hat im Vergleich zu 1919. Unter dem Strich ist es deshalb ein Erfolg der Waldorfschulen: Sie waren und sind auf diesem Feld Pioniere und beweisen immer noch, dass man die staatlichen Abschlüsse vom Realschulabschluss bis hin zum Abitur mindestens genauso erfolgreich bewältigen kann, auch wenn man sehr viel mehr Zeit für Kunst- und Handwerksunterricht gehabt hat. Der *wirkliche* Grund für den hohen Anteil an Kunst an den Waldorfschulen ist allerdings kaum bekannt. Ich werde später darauf eingehen. (Kapitel 8)

Die Pionierfunktion der Waldorfschulen auf dem Gebiet pädagogischer Methoden wird in Fachkreisen durchaus anerkannt. Aber es gibt auch eine erstaunliche Kehrseite: Die Waldorfmethoden waren wie ein paar goldene Äpfel, die man aufgelesen hat. Der Baum aber, an dem sie gewachsen sind, galt und gilt als suspekt – ganz nach der Devise „Netter Apfel, inakzeptabler Baum".

Einer der größten Erfolge der Waldorfschulbewegung besteht in der langfristig besseren Gesundheit ihrer Absolventen. Das Robert-Koch-Institut in der Charité in Berlin hat 2013 eine Studie veröffentlicht, die die Gesundheit von ehemaligen Waldorfschülern im Alter von 18 bis 80 Jahren mit der Gesundheit der entsprechenden Altersgruppen ehemaliger Staatsschüler vergleicht. Ein derartiger Vergleich ist methodisch aufwendig. Für einen aussagekräftigen Vergleich können zum Beispiel nur Schüler aus Elternhäusern mit dem gleichen Bildungsstand verglichen werden, da der Bildungsstand der Eltern eine erhebliche Rolle für die spätere Gesundheit der Kinder spielt. Man darf – ein weiteres Beispiel – auch nur solche ehemaligen Schüler vergleichen, die ähnliche Berufe ergriffen haben. Es gibt Berufe, die ungesünder sind als andere. (Wenn die Waldorfschüler im Durchschnitt lauter gesündere Berufe ergriffen hätten als die ehemaligen staatlichen Schüler, dann läge die bessere Gesundheit der Waldorf-Alumni nicht an der Pädagogik der Waldorfschule, sondern an der Berufswahl.) Kurz, die Wissenschaftler, die die Studie aufgesetzt haben, haben tatsächlich nur verglichen, was methodisch korrekt verglichen werden darf. Das Ergebnis: In den allermeisten Gesundheitskriterien waren die ehemaligen Waldorfschüler signifikant gesünder.[4] Das ist keine Kleinigkeit, sondern ein echter Erfolg. Ich persönlich halte ihn für einen der bedeutsamsten Erfolge der Waldorfschulen schlechthin. Warum? Gesundheitliche Beeinträchtigungen bedeuten meist auch eine Beeinträchtigung der Leistungsfähigkeit – mal mehr, mal weniger. (Das weiß nicht nur jeder Sportler.) Gezielt so zu erziehen und zu unterrichten, dass der Einzelne auch in fortgeschrittenem Alter etwas weniger durch gesundheitliche Handicaps beeinträchtigt wird, gehört mit zum dem, was Waldorf wirklich will. Den Erfolg auf diesem Gebiet messen und nachweisen zu können – das ist ein dickes Brett. Aber dieses dicke Brett ist – wie so Vieles aus der Erziehungskunst Rudolf Steiners – nur wenig bekannt.

Die Waldorfschulen können also auf der einen Seite nach 100 Jahren Bemerkenswertes vorweisen und zu Recht feiern. Aber auf der anderen Seite steht ein Misserfolg, vor dem man nicht die Augen verschließen sollte: Es ist in 100 Jahren nicht gelungen, der Öffentlichkeit ein auch nur annähernd angemessenes Bild von dem zu verschaffen, was Waldorf wirklich will. Wenn dieser Vortrag einen Beitrag dazu leistet, diesen Sachverhalt in ersten Ansätzen zu ändern, hat er seinen Zweck erfüllt.

2 In einem Satz nur

Oder in drei

Kann man in einem oder zwei Sätzen sagen, was Steiners zentrales pädagogisches Anliegen war und was die Erziehungskunst Rudolf Steiners wirklich will? Man kann. In drei Sätzen.

Satz 1:

„Es geht darum, zu allererst so gründlich, so umfassend und so tief wie nur irgend möglich die Natur des Menschen und seine Stellung in der Welt und insbesondere die Natur des Kindes und seine Entwicklung zu *erforschen*, um *vor allem daraus* abzulesen, wie man jedes einzelne Kind so gut wie nur irgend möglich darin unterstützen kann, seine individuellen Potentiale zu entwickeln, sodass es seine eigene Aufgabe und seinen Beitrag *für* das Ganze und *im Einklang* mit dem Ganzen finden kann."

Mit sieben Worten:
„Bestmögliche Potentialförderung aus größtmöglicher Menschen- und Welterkenntnis."

Oder noch pointierter:
„Zuerst Menschenerkenntnis – dann pädagogische Maßnahmen.»

Mit drei Worten:
„Erziehung aus Menschen**erkenntnis**“

Plakative Schlagworte sind heikel. Sie zeigen nicht, was sich hinter ihnen verbirgt. Denn was heißt „Erziehung aus größtmöglicher Menschen- und Welt*erkenntnis*?“ Solange das nicht geklärt ist, unterschätzt man, worum es wirklich geht.

Satz 2:

Optimale Potentialförderung aus größtmöglicher Menschenerkenntnis ist nur möglich, wenn man die Ergebnisse **spiritueller** Forschung nicht nur miteinbezieht und berücksichtigt, sondern zur Grundlage macht.

Mit fünf Worten:
Bestmögliche Potentialförderung aus **spiritueller** Menschenerkenntnis.

Oder mit sieben:
Optimale Potentialförderung aus **anthroposophischer** Menschen- und Welterkenntnis.

Oder zugespitzt:
Erst Menschenerkenntnis aus spiritueller Erforschung der Kindesnatur, *dann* Erfindung neuer Methoden für das einzelne Kind und für jede sich verändernde Zeitlage.

Plakative Schlagworte sind heikel und Satz 2 ist noch heikler als Satz 1. Spirituelle Menschenerkenntnis? Anthroposophische Welterkenntnis? Wirklich? Ja. Es ist eine Frage historischer Redlichkeit, darüber zu sprechen, worum es Steiner ging. Wie man sich anschließend dazu positionieren will, ist eine andere Frage und jedem überlassen. Nur eins sollte man möglichst vermeiden: Wichtige Wahrheiten verschweigen. Das ist – auf Dauer gesehen – keine gute Idee.

Und nun noch Satz drei, denn ohne ihn fehlt das Wichtigste:

Satz 3

„Das Kind erkennen wollen – aus Liebe zum Kind,
neue Methoden erfinden – aus Liebe zum Kind,
neu erfundene Methoden anwenden – aus Liebe zum Kind –
das ist, was Waldorf wirklich will."

Plakative Schlagworte sind heikel und Satz 3 klingt für viele Ohren noch weitaus heikler als Satz 1 und 2 zusammen.[5] Trotzdem: Für die Waldorfpädagogik gilt mit leicht abgewandelten Worten, was der Apostel Paulus im Brief an die Korinther geschrieben hat:

„Und wenn ich die besten pädagogischen Methoden hätte, sodass ich Berge versetzen könnte, und hätte der Liebe nicht, so wäre meine Pädagogik nichts." (Nach 1. Kor. 1)

Fangen wir an bei der Quelle.

3 Die Quelle der neuen Pädagogik

„Vom Gesichtspunkt der Geisteswissenschaft"

Es kommt nicht alle Tage vor, dass ein spiritueller Lehrer eine neue Pädagogik begründet, aus der nach und nach eine weltweite Schulbewegung wird. Es kommt nicht einmal alle Jahrhunderte vor. In den fünf Jahrhunderten der Neuzeit vor Steiner findet sich nichts Vergleichbares. Und auch in den hundert Jahren nach Steiner findet sich nur wenig.[6]

Was erwartet man, wenn ein spiritueller Lehrer oder – wie manche sagen – ein spiritueller Meister eine neue Pädagogik begründet? Erwartet man, dass er ein Blatt im Wind ist und allen genau das sagt, was sie aufgrund ihrer vorgefassten Meinungen hören wollen? Erwartet man, dass er die Weltsicht des Materialismus eins-zu-eins bestätigt? Erwartet man, dass alle pädagogischen Lehrstühle der Welt ihm sofort zu Füßen liegen? All das ist unwahrscheinlich.

Als Rudolf Steiner 1907 seine erste pädagogische Schrift veröffentlichte, hatte sie einen programmatischen Titel: „Die Erziehung des Kindes *vom Gesichtspunkt der Geisteswissenschaft.*" Der Ausdruck „Geisteswissenschaft" war dabei nicht gemeint als Bezeichnung für die Kulturwissenschaften (im Unterschied zu den Naturwissenschaften). Mit „Geisteswissenschaft" bezeichnete Steiner vielmehr spirituelle Forschungsergebnisse, die mit Methoden gewonnen werden, die – das war seine Überzeugung – mindestens so exakt und mindestens so gewissenhaft sind wie die Methoden der Naturwissenschaften. (Siehe dazu die Kapitel 23-25 im Anhang.) Mit dem Buchtitel war also von Anfang an klar: Hier geht es einem spirituellen Lehrer darum, dass er seine Forschungsergebnisse auf dem Gebiet der Pädagogik der Welt zur Verfügung stellen will. Steiner hielt es für wichtig, dass die Welt von diesen Forschungsergebnissen zumindest weiß. Aber viel wollte die Welt nicht wissen. Erst zwölf Jahre später fanden sich mit dem Fabrikanten Emil Molt und mit den ersten Stuttgarter Waldorflehrern solche Menschen, die bereit waren, Steiners Erkenntnisse nicht nur ernst zu nehmen, sondern auf ihrer Grundlage pädagogisch zu arbeiten. Und darum ging und geht es: Pädagogische *Praxis*. Genauer: *Enthusiastische* pädagogische Praxis auf der Grundlage einer geisteswissenschaftlichen Menschenkunde.

Historisch gesehen benennt „Satz 2" aus dem vorigen Kapitel ganz fraglos den *Zentral*-Impuls der Erziehungskunst Rudolf Steiners schlechthin. Aber so eindeutig der historische Sachverhalt auch ist, so sehr hat Satz 2 bis heute für viele Menschen einen Nachteil. Dieser Nachteil liegt darin, dass eine „Pädagogik aus spiritueller Menschenerkenntnis" immer noch für etliche Menschen als anrüchig gilt. Man fürchtet, sich in eine „esoterische Schmuddel-Ecke" zu begeben. Und wenn schon nicht esoterische Schmuddel-Ecke, dann mindestens unwissenschaftliches Schmuddel-Terrain, auf dem man jeden intersubjektiv überprüfbaren Boden unter den Füßen verliert. Steiner selbst wollte mit einer esoterischen Schmuddelecke nichts zu tun haben, sondern hat immer wieder den Anspruch erhoben, dass seine Forschungsergebnisse vor dem Forum der modernen Naturwissenschaften Bestand haben werden. Steiner wollte insbesondre keine Kluft aufreißen zwischen dem rational-diskursiven Forschen und den Ergebnissen geistiger Forschung. Beide könnten durch Zusammenarbeit nur gewinnen. Es ist deshalb auch nicht so, dass die Forschungsergebnisse eines spirituellen Meisters eine sakrosankte Autorität für sich beanspruchen. Niemals sollte spirituelle Forschung dazu führen, dass man den wissenschaftlichen Verstand an der Garderobe abgibt.[7]

Andererseits spielt sich ein derartiges methodologisches „Für und Wider" auf einer Meta-Ebene ab. Es ist berechtigt, aber für die pädagogische Praxis bringen solche Debatten nicht sonderlich viel. Wichtiger für die Kinder ist eine überzeugende Praxis. Ich möchte Ihnen deshalb an mehreren Beispielen zeigen, was es konkret heißt, auf der Grundlage einer spirituellen Menschenkunde zu arbeiten.

Vorab aber möchte ich Sie um etwas bitten: Bitte verwechseln Sie die folgenden Beispiele nicht mit einem „Programm" der Waldorfpädagogik. Es handelt sich um *Beispiele* und nicht um ein Programm, das dann mithilfe von Checklisten abgearbeitet wird.[8] Eines der größeren Missverständnisse gegenüber der Erziehungskunst Rudolf Steiners bestand und besteht darin, dass man aus Beispielen und einzelnen Maßnahmen (z. B. dem Lehrplan) feste Prinzipien und Regeln gemacht hat. Aber das ist nicht das, was Waldorf *wirklich* will. Es geht in der Erziehungskunst Rudolf Steiners nicht so sehr um andere Prinzipien und Grundsätze.[9] Es geht um etwas viel Besseres. Beginnen wir mit dem Willen.

Teil 2 Entdeckungen

Anthroposophische Pädagogik ist eigentliche Schulpraxis. Daher müsste man im Grunde genommen, wenn man über anthroposophische Pädagogik reden will, die einzelnen praktischen Handhabungen im Unterricht vielleicht beispielsweise besprechen, allein da würde zunächst der Geist, aus dem das alles herausgeboren ist, sich nicht offenbaren können.

Rudolf Steiner, Bern 1924 (GA 309, 9)

4 Das Wesen des Willens

Was heißt „Erziehung aus Menschenerkenntnis"?

Wie entwickelt man die *Willenskraft* eines Kindes möglichst gut? Die Antwort der Steinerschen Pädagogik: Erst Menschenerkenntnis, dann pädagogische Maßnahmen. Also: Erst eine möglichst gründliche, umfassende, tiefe Erkenntnis der Natur des menschlichen Willens. Dann ist daraus abzulesen, auf welche Weise man den Willen gut ausbilden kann. Wie sollte es auch anders sein? Wie will man so etwas wie den Willen der Kinder entwickeln, solange man kein Verständnis vom Wesen und den Gesetzmäßigkeiten des Willens hat? Ohne ein richtiges Verständnis der Natur des Willens tappt man im Nebel herum. Deshalb ist erst die Natur des Willens zu verstehen, so gründlich, so umfassend und so tief es geht. Danach kann man daraus die pädagogischen Optionen ableiten. Rudolf Steiner hat genau das gemacht. Er hat die Natur des Willens extrem gründlich untersucht. Er hat *erstens* die damalige Psychologie und ihre (durchaus gegensätzlichen) Angaben zur Natur des Willens gesichtet. Er hat zweitens eigenständig mit sogenannten „übersinnlichen" Forschungsmethoden die Natur des Willens untersucht. (Siehe Kapitel 24–25) Und drittens hat er erforscht, welche pädagogischen Hilfen und Methoden man daraus gewinnen kann. Und er hat viertens diese Methoden in seiner eigenen pädagogischen Praxis ausprobiert. Steiner wusste also, wovon er sprach. Seine Ergebnisse und Erfahrungen hat er vor den designierten Lehrerinnen und Lehrern der ersten Waldorfschule in Stuttgart in vier Vorträgen dargestellt und eine winzig kleine Auswahl möchte ich Ihnen skizzieren:

Erstens: Jeder Willensimpuls ist immer nur ein *Keim*. Er ist ein Keim, der sich erst nach dem Tod voll entfalten wird. (Was erwartet man, wenn ein spiritueller Meister etwas zum Wesen des Willens zu sagen hat?)
Zweitens: Wille ist verdichtete Sympathie.

Derartige Angaben sind auf den ersten Blick irritierend und führen zu Aussagen wie „Mir wird ganz schwindelig, wenn ich so etwas höre oder lese." Oder: „Was soll das esoterische Geschwurbel?" In der Tat hat man die Wahl: Entweder lege ich solche Sätze als für mich nicht nachvollziehbar beiseite oder man entscheidet sich für die Option, dem Rat Daniel Kahnemanns zu folgen: Nicht schnelles Urteilen, sondern langsames Denken. Also: *langsam* verstehen wollen. Und das heißt: Schritt für Schritt nachvollziehen wollen. Ich habe mich für die zweite Option entschieden. Im Folgenden gebe ich Ihnen als erstes eine *bildhafte* Annäherung an Steiners Angabe, dass Willenskraft aus Sympathie entsteht. Diese Annäherung entstammt dem Märchen „Frau Holle" aus der Märchensammlung von Jakob und Wilhelm Grimm. Das berühmte Märchen bietet eine Art mythologisches *Bild* dafür, dass Willenskraft aus Mitgefühl (und in diesem Sinne aus „Sympathie") entsteht:

„Es war einmal eine Witwe, die hatte zwei Töchter. Die eine war schön und fleißig, die andere hässlich und faul."

Bekanntlich muss sich die fleißige Tochter im Märchen unter der Knute der bösen Stiefmutter am Brunnen halb zu Tode arbeiten. Eines Tages wird beim Spinnen die Spule blutig. Das Mädchen will das Blut abwaschen, aber dabei entgleitet ihr die Spule und versinkt im Brunnen. Die böse Stiefmutter aber zwingt das Mädchen, die Spule aus dem Brunnen heraufzuholen. Das Mädchen hat Angst, aber *„dann nahm sie all ihren Mut zusammen und sprang in den Brunnen, um sich die Spule zurückzuholen."*

„Nachdem sie zunächst besinnungslos den Brunnen herabfiel, erwachte sie plötzlich und fand sich auf einer wunderschönen grünen Wiese wieder, wo die herrlichsten Blumen standen und die Sonne schien. Als sie die Wiese entlang ging, kam sie zu einem großen Backofen, der voller fertiger Brote war und die Brote riefen nur: „Ach zieh uns raus, zieh uns raus, sonst verbrennen wir. Wir sind schon längst gebacken." Daraufhin nahm sie einen Brotschieber und holte alle Brote nacheinander heraus. Als sie weiter ging, kam sie auf einmal zu einem Baum, der voller reifer Äpfel war und der Baum rief nur: „Schüttel mich, schüttel mich, meine Äpfel sind schon alle reif." Da fing das Mädchen an, den Baum so kräftig zu rütteln und zu schütteln, bis die Äpfel herunterfielen und kein Einziger mehr oben blieb. Schön ordentlich packte sie alle Äpfel auf einen Haufen und ging weiter."

Schließlich kommt das Mädchen zu Frau Holle und darf bei ihr wohnen, muss aber tüchtig die Betten ausschütteln, *„dass die Federn fliegen, denn dann schneit es in der Welt."*

Dem Mädchen geht es gut bei der Frau Holle, aber eines Tages hat es doch Heimweh und will zurück nach Hause.

„Ich habe den Jammer nach Hause gekriegt, und wenn es mir auch noch so gut hier unten geht, so kann ich doch nicht länger bleiben. Ich muss wieder hinauf zu den Meinigen." Da antwortete Frau Holle: „Es gefällt mir, dass du wieder nach Hause verlangst, und weil du mir so treu gedient hast, so will ich dich selbst wieder hinaufbringen." Daraufhin nahm sie das Mädchen an die Hand und führte es zu einem großen Tor. Gerade als das Tor aufging und das Mädchen darunter stand, fiel ein gewaltiger Goldregen herab und alles Gold blieb an der Kleidung des Mädchens kleben. „Das sollst du haben, weil du fleißig gewesen bist" sprach Frau Holle und gab ihr die verlorene Spule wieder zurück. Als sich das Tor verschloss, war das Mädchen wieder in ihre Welt zurückgekehrt und als sie sich ihrem Hof näherte, fing der Hahn an zu krähen und schrie: „Kikeriki, unsere goldene Jungfrau ist wieder hie!"

Das Mädchen hört jenseits des Brunnens, wie die Aufgaben zu ihr sprechen, als wären es Personen: Die Brote rufen: „Zieh uns aus dem Ofen." Und der Baum ruft: „Schüttel mich (und sammle meine Äpfel auf.)" Ohne großen Aufwand ließe sich das auf zahllose Situationen des eigenen Lebens übertragen: Die schmutzigen Teller und Töpfe rufen einem nach dem Essen zu „Wascht mich ab"; der Müll im Eimer ruft: „Bring mich raus." Die Briefe auf dem Schreibtisch und die E-Mails auf dem PC rufen mir zu: „Beantworte mich." Die Klassenarbeiten der Schülerinnen und Schüler „Lies uns durch", die Blumen auf der Fensterbank „Bitte gieß uns".
Die Personifizierung der Dinge im Märchen zeigt, aus welchem Impuls das Mädchen tatsächlich handelt: Aus *Sympathie* mit den Dingen. Genauer: Aus Mitgefühl mit den Aufgaben des Lebens. Das Mädchen hat Mitgefühl mit dem Brot und Mitgefühl mit den Äpfeln. Es *fühlt*, was das Brot braucht

und es fühlt, wonach sich die Äpfel sehnen. Und es würde auch mit den Blumen fühlen, wenn diese Wasser bräuchten. Die Aussage des Märchens lautet also: Wille und Aktion entstehen aus Mitgefühl (und in diesem Sinne aus „Sympathie"). Wille ist gleichsam ein anderer Aggregatzustand von Sympathie: Verdichtete oder konzentrierte Sympathie, die durch die Verdichtung zur Aktion wird.

Wille *ist* sogar im Kern Sympathie oder – pathetisch formuliert – Liebe zur Welt. Allerdings nicht Liebe zur Welt, um sich die Welt anzueignen, sondern um der Welt selbst willen. Wille ist in der Tat *Kraft*, aber eine sehr spezielle Kraft, nämlich eine Variante der Sympathiekraft.

Bekanntlich wird im Märchen ja auch noch die faule Tochter von der Stiefmutter in den Brunnen geschickt, damit auch die faule Tochter ein Goldkleid bekommt. Aber das funktioniert nicht. Das faule Mädchen hört auch die Brote und den Baum rufen. Aber sie empfindet keinerlei Sympathie oder Mitgefühl, weder mit dem Brot noch mit den Äpfeln. Sie denkt stattdessen nur an sich selbst.

Eine ziemlich massive Botschaft: Faulheit entsteht aus zu starker Selbstbezogenheit und zu wenig Sympathie und Mitgefühl mit der Welt. Mit einem Satz: Faulheit ist eine Form von zu starker Selbstbezogenheit. Und dann klebt einem das Pech an den Fingern. Ich kann das aus leidvoller Erfahrung bestätigen. Als Student hatte ich eine ausgeprägte Abneigung gegen das Abwaschen des Geschirrs nach dem Essen. Dabei lässt sich der Abwasch nie so schnell machen, wie direkt nach dem Essen, aber merkwürdiger Weise hatte ich damals nie so wenig Lust zum Abwaschen wie unmittelbar nach dem Essen. Teller, Töpfe und Besteck riefen mir zwar zu „wasch uns ab,

wasch uns ab, wir sind alle ganz schmutzig“, aber ich dachte mir wie die Pechmarie im Märchen: „Nein, ich habe Besseres zu tun.“ „Ich will jetzt lieber Wittgenstein studieren“ oder: „Ich mache erst einen kurzen Mittagsschlaf.“ Die Folge war, dass ich oft erst dann den Abwasch gemacht habe, wenn auch der letzte Teller und das letzte Glas aus dem Schrank geholt waren und es kein einziges sauberes Geschirr mehr gab. Die schmutzigen Teller und Töpfe türmten sich in meiner kleinen Küche zu ganz eigenen Gebirgsformationen auf und nicht viel hätte gefehlt und ich hätte sie als künstlerische „Installation“ in der Nachfolge von Joseph Beuys‘ „Barraque D'Dull Odde“ deklariert. Eines Nachmittags klingelte es unten an der Tür. Es war unerwarteter Kurzbesuch von meiner Freundin. Ich geriet in Panik. Wohin jetzt mit dem dreckigen Geschirr? Um Himmels willen, wenn sie das sieht, heiratet sie mich nie. „Ich komme sofort“, rief ich runter, transportierte die gesamte Installation in mein winziges Badezimmer und versteckte alles hinter dem Duschvorhang.
Am nächsten Morgen musste ich früh in die Uni, war in Eile, wollte nur schnell unter die Dusche und mich fertig machen. Aber da wartete bereits mein Schmutzgeschirr. Materie ist geduldig. Beim Zurücktragen entglitten mir ein oder zwei Teller. Die Splitter verteilten sich in der Dusche und vereitelten jede Aussicht, noch duschen *und* rechtzeitig zur Uni zu kommen.
Das Märchen hat Recht. Das Pech klebte mir an den Fingern.

Nach dieser ersten Annäherung kann man nun der Aussage Steiners weiter nachgehen, dass Wille aus Sympathie besteht. Man sollte Steiner nicht einfach „glauben“, sondern: „Beobachte selbst,“ ruft er einem zu „und denke immer wieder darüber nach."[10] Und mehr noch: „Arbeite damit." „Probiere es aus. Arbeite mit dieser Angabe und beobachte, ob es sich in der Praxis als fruchtbar erweist." Ich habe das versucht. Wenn Wille aus Sympathiekraft entsteht, dann heißt das für mich als Pädagoge, dass ich *die Sympathiekraft im Kind zu stärken habe, wenn ich seinen Willen stärken will.* Aber wie? Steiners Antwort: *„Was wird denn daher der eigentliche Impuls für die Willenserziehung sein müssen? Es kann kein anderer sein als dass wir selber Sympathie mit dem Zögling entwickeln."* (GA 294, 34)

Mit anderen Worten: Gerade gegenüber einem willensschwachen Kind soll ich viel Sympathie entwickeln. Das fiel mir als Lehrer zunächst alles andere als leicht. Warum? Seien wir ehrlich: Willensschwache Schüler bekommen von uns Lehrern oder Eltern nicht automatisch viele Sympathiepunkte. Im Gegenteil: Wir ärgern uns unwillkürlich über sie. „Schon wieder die Aufgaben nicht gemacht." „Schon wieder zu spät." „Schon wieder zu langsam, sodass alle aufgehalten werden." „Schon wieder dein Zimmer nicht aufgeräumt." „Schon wieder typisch X." Und schon ist die Schublade offen, in die man den X oder die Y steckt.

Bei willensstarken Kindern ist das anders. Man mag sie. Zuweilen sind sie richtige „Willens-Wonneproppen". Sie machen alles. Keine Aufgabe ist ihnen zu viel. Wenn es irgend etwas zu tun gibt, sind sie bereit. Sie erledigen die Sache sofort. So eine Art „Goldmarie" oder „Goldmarius" eben. Oft sind sie „Everybody's Darling". Und nicht selten müssen sie aufpassen, dass man sie nicht ausnutzt. „Wenn niemand es macht, Goldmarie wird's schon richten."

Sogenannte willensschwache Kinder hingegen werden für uns Lehrer oder für uns Eltern manchmal zu Nervensägen. Und unversehens werden wir selbst dazu: Wir meckern rum, wir kritisieren, wir fordern, wir drohen, wir strafen. Wir sind genervt. Und weil wir genervt sind, nerven wir. Wir werden die „Motze“ oder der „Motzki“, der Gardinenpredigten hält, deren Wirkungsgrad gegen Null tendiert.

Mit anderen Worten: Wir Erwachsenen reagieren oft ziemlich reflexhaft und wenig bewusst und willentlich: Die Sympathiekraft im Willen der *willensstarken* Kinder ruft in uns Erwachsenen reflexhafte Sympathie hervor. Die fehlende Sympathiekraft bei den willensschwachen Kindern macht uns selbst zu antipathischen, unangenehmen Zeitgenossen, die mehr schlecht als recht ihren Ärger unterdrücken oder aber ausleben.

Und nun noch einmal Steiners Angabe: „*Was wird denn daher der eigentliche Impuls für die Willenserziehung sein müssen? Es kann kein anderer sein als dass wir selber Sympathie mit dem Zögling entwickeln.*“ (GA 294, 34)

Das heißt: Steiner empfahl den Lehrern der ersten Waldorfschule, die Sache umzudrehen und die Reflexe zu durchbrechen: Gerade das vermeintlich willensschwache Kind braucht viel Sympathie und seelische Wärme. Mit anderen Worten: Als Erwachsener muss ich mir meiner automatischen, meist unbewussten Antipathie bewusst werden und an ihre Stelle eine bewusste und willentlich hergestellte Sympathie setzen.

Also: Alles Motzen (das unausgesprochene und das ausgesprochene) abstellen und dem Kind liebevolle Sympathie entgegenbringen. Das ist – wer will das leugnen – oft alles andere als leicht, aber es wirkt.

Dazu gibt es eine wunderbare Geschichte von einer wunderbaren Lehrerin aus O…

Die Dame war schon pensioniert, als das Sozialamt ihr einen 13-jährigen Jungen brachte. Dieser Junge war nicht nur schwierig, er galt als ziemlich hoffnungsloser Fall. Er war polizeibekannt, hatte mehrere Autos abgefackelt, Reifen aufgeschlitzt, Läden ausgeräumt, öffentliches Ärgernis erregt (indem er seine Notdurft ab und zu mitten in der Fußgängerzone verrichtete), er hatte seine Lehrer und Sozialarbeiter überfordert, etliche Einrichtungen durchlaufen, zerlegt und wieder verlassen, mit einem Wort: Er war ein ziemlicher „Brocken". Dann kam er zu der pensionierten Lehrerin und – war nach 12 Monaten geheilt.

Man schickte natürlich eine Abordnung vom Sozialamt zu der Dame: „Was haben Sie mit dem Jungen gemacht?" Sie soll mit einem einzigen Wort geantwortet haben: „Schokoladenkuchen." „Wir verstehen nicht." „Immer, wenn er wieder etwas ausgefressen hatte, habe ich ihm einen Schokoladenkuchen gebacken und hingestellt." „Ist das ein Witz?" „O nein. Ich habe ihm einen Kuchen gebacken und hingestellt. Das hat ihn etwas irritiert und dann habe ich ihm gesagt, ‚Weißt du, Mikael, was du da gestern in der Stadt gemacht hast, das finde ich gar nicht gut. Ich finde es sogar schlimm. Aber jedes Mal, wenn ich in deine Augen schaue, dann sehe ich darin einen wunderbaren Menschen, und den habe ich sehr, sehr lieb. Und deshalb habe ich einen Kuchen für dich gebacken. Du bist ein wunderbarer Mensch. Was du gemacht hast, ist nicht gut. Es ist völlig daneben. Darüber sprechen wir später. Aber jetzt iss erst mal deinen Kuchen." „Und das hat funktioniert?" „Ja, ganz gut, und im Laufe der Zeit wurde es dann schon besser mit ihm. Sie müssen ja grundsätzlich bei einem Kind unterscheiden zwischen dem, was es angestellt hat und dem, was es ist. Identifizieren Sie nie ein Kind mit dem, was es gemacht hat. Sie müssen auf seinen Kern und auf seine positiven Kräfte etwas Sonnenlicht werfen. Das ist ein pädagogisches Gesetz.- Der Junge hatte übrigens Humor. Nach ein paar Monaten war 3 Wochen lang nichts passiert, aber eines Tages hatte er doch wieder etwas angestellt. Er kam nach Hause und es war ihm peinlich.

Ich fragte ihn: ‚Mikael, ist etwas passiert?' Seine Antwort: Oma, ich glaub', du kannst mir wieder einen Kuchen backen.'"

Was hat die Dame gemacht? Sie hat das innerste Zentrum des Jungen aktivieren wollen und dazu hat sie willentlich Sympathie aufgebracht. So einfach – und so schwer.

Für mich persönlich waren Steiners Angaben und auch die Schokoladenkuchengeschichte ein Schlüssel. Gerade in den schwierigsten Fällen, mit denen ich als Lehrer zu tun hatte, habe ich versucht, gegen alle meine inneren Widerstände aktiv Sympathie mit dem Kind zu entwickeln, um dadurch seine Willenskräfte zu stärken. Meine Beobachtung: Die aktiv erzeugte Sympathiehülle des Lehrers brütet gewissermaßen die Willenskräfte des Kindes besser aus.
Noch ein Hinweis: Man kann gut beobachten, wie solche Lehrerinnen und Lehrer, die die glückliche Gabe haben, *ständig* Sympathie auszustrahlen, die Willenskräfte der Kinder – gleichsam nebenbei – viel stärker aktivieren als solche Lehrer, die sich dauerhaft in einem missmutigen, antipathischen Modus befinden. Ein Musterbeispiel für einen Sympathie-Wonneproppen ist die Figur des Senegalesen *Driss* in dem Film „Ziemlich beste Freunde". Immer gut drauf. Immer eine geradezu überbordende Sympathiekraft. Und dadurch in der Lage, dem ab dem dritten Halswirbel gelähmten, an der Grenze zur Depression navigierenden Philippe neue Lebensfreude zu vermitteln.
Das verleitet mich zu einer Anekdote. Lange bevor dieser Film 2011 erschien, stellte sich einmal an „meiner" Schule, der Michael Bauer Schule in Stuttgart, ein ähnlicher Mann aus dem französischsprachigen Afrika für das Fach Franzö-

sisch vor. Wir ließen ihn Probe unterrichten in einer neunten Klasse, in der auch mein ältester Sohn war. Beim Abendessen platzte es aus ihm heraus: „Papa, den Mann MÜSST ihr einstellen. Dann lerne sogar ich noch Französisch." Stimmt. Ein Mensch, der wie eine Sympathie-Sonne strahlt, begeistert die Schüler.

Auf der anderen Seite darf man die Schokoladenkuchengeschichte nicht falsch verstehen. Die alte Dame hatte nicht ein *sentimentales* Mitgefühl, das dazu geführt hätte, dass sie alles einfach gelten und durchgehen ließ. Das wäre ein fatales Missverständnis. Mein früherer Kollege Rüdiger Hauff, Oberstufenlehrer für Mathematik an der Michael Bauer Schule in Stuttgart von 1994–2007, hat mich zu Recht auf diese Gefahr der Geschichte vom Schokoladenkuchen hingewiesen. Denn die Erzählung macht in der Tat nicht deutlich genug, dass die dort beschriebene pädagogische Handlungsweise eine gereifte, stabile und Ich-hafte Autorität des Erwachsenen voraussetzt. Nicht selten aber gibt es Pädagogen, die zu schwach sind, einen Jugendlichen mit geradlinigen Konsequenzen zu konfrontieren und diese auch durchzuhalten. Aus dieser Schwäche heraus sehen sie einem Jugendlichen dann alles nach. Das sentimentale Mitgefühl aus Schwäche ist aber das Gegenteil eines Erwachsenen, der „bolzengerade" und zugleich liebevoll ist und sich nicht scheut, einem Jugendlichen auch den Widerstand zu bieten, den dieser für seine eigene Aufrichtung braucht. Nur aus der Grundhaltung dieser Geradheit wird die Sympathie-Methode fruchtbar. „Schokoladenkuchen" aus Schwäche oder Sentimentalität ist kontraproduktiv.

Zurück zur Ausgangsfrage: Was will Waldorf wirklich? Die Antwort: *Erziehung aus einer spirituellen Menschenerkenntnis.*

Darum geht es. Das Beispiel der Willensbildung macht das anschaulich:

Schritt 1: Steiners spirituelle Menschenerkenntnis kommt zu dem Ergebnis, dass der Wille aus Sympathie besteht.
Schritt 2: Daraus wird die pädagogische Option gewonnen, die Willensbildung dadurch zu befördern, dass man als Erwachsener dem willensschwachen Kind gegenüber eine aktiv erzeugte Sympathie entgegenbringt.
Schritt 3: Von dieser aus Menschenerkenntnis gewonnenen Methode kann man (als Mutter oder Vater oder als Lehrerin oder Lehrer) dermaßen begeistert sein, dass man sie gerne anwendet und sich darin übt. Man ist geradezu *verliebt* in diese Methode, sogar *weil* sie schwer ist. Aber man liebt sie – aus Liebe zum Kind.
Schritt 4: Ein Lehrer-Leben lang üben.

Die hier angeführten Angaben Rudolf Steiners zur Natur des Willens sind übrigens nur eine Auswahl. Steiner hat noch weitere hervorragende Angaben zur Natur des Willens gemacht und daraus weitere pädagogische Hinweise entwickelt. Eine Schatztruhe sondergleichen. [11]

5 Die Plazenta des Verstandes

Bodenoptimierung kommt vor Ernteerfolg

Menschenerkenntnis zuerst. Erst möglichst umfassende, gründliche, tiefe Erkenntnis der Natur des Menschen und seiner Entwicklung – dann pädagogische Methoden.
Kommen wir von den Willenskräften zu den Erkenntniskräften. Wie entwickelt man die Erkenntniskräfte so gut wie nur irgend möglich? Steiners Antwort: Die Kräfte des Intellektes müssen erst in einer Art Plazenta *reifen*, um sich optimal entwickeln zu können. Was ist gemeint?
Jeder Landwirt weiß, dass von der Bodenqualität die Qualität der Ernte abhängt. Bodenoptimierung kommt vor Ernteerfolg. Das ist für die Verstandeskräfte nicht viel anders. Sie müssen auf dem richtigen Boden wachsen, um später gute Früchte tragen zu können. Also: Was ist der richtige Boden und wie optimiert man ihn? Rudolf Steiner brachte dafür folgendes Bild: Während der Embryonalzeit ist das ungeborene Kind von einer schützenden Hülle umgeben. Die Kräfte der Umwelt können dadurch nicht direkt auf das noch ungeborene Kind einwirken.[12] Wird die schützende Hülle beschädigt, leidet auch das Kind Schaden. Bei den Verstandeskräften sei das – so Steiner – nicht anders. Sie wachsen auch in einer Hülle auf und entwickeln sich in ihr, bevor sie als reine Verstandeskräfte ganz „geboren“ werden. Denn wie sich im ungeborenen Kind im Schutz der Mutterhülle die Lebensorgane des Kindes entwickeln (das Herz, die Leber, die Nieren, der Magen etc.), so entwickeln sich die Organe des Verstandes (u. a. die Urteilsbil-

dung, die Fähigkeit zum logischen Schließen, die Fähigkeit der Begriffsbildung) in der Hülle der *Gefühle*. Die Gefühle sind die Plazenta für den sich entwickelnden Verstand vor seiner Geburt. Das mag wundersam klingen, aber ganz so überraschend ist es dann doch nicht. Alles Verstehen ist immer eine Form von Einfühlen. Einer der größten Mathematiker der Geschichte, J.W. Leibniz (1646–1716), ging sogar so weit zu sagen, dass man das erste Hebelgesetz der Mechanik eigentlich aus sich selbst heraus verstehen könne, wenn man sich in das Verhältnis von Lastarm und Kraftarm *einfühle*. „Verstehen" bedeutet dann, sich dasjenige begrifflich bewusst zu machen, was man zuvor gefühlt hat. Deshalb hängt die Kraft des Verstandes ganz entscheidend von der Kraft des Einfühlungsvermögens ab. Die Förderung des Einfühlungsvermögens ist aus diesem Grund eine der wichtigsten Voraussetzungen für die optimale Entwicklung der Verstandeskräfte. Und umgekehrt: Die Vernachlässigung des Fühlens trocknet die Plazenta der Verstandeskräfte aus. Die pädagogische Konsequenz: So wie die Geräusche der Umwelt möglichst nicht direkt auf die Organe des ungeborenen Kindes wirken sollten, so sollten wir als Erwachsene möglichst nicht direkt den noch ungeborenen Verstand der Kinder adressieren. Das heißt allerdings nicht, dass sich der Intellekt der Schulkinder während der gesamten Unter- und Mittelstufenzeit nicht entwickeln sollte. Im Gegenteil: Er soll sich sehr wohl entwickeln, aber eben so, wie sich die Organe des Kindes im Mutterleib entwickeln: von selbst. Durch ihre eigene Natur – nicht aber von außen forciert. Und deshalb – so Steiners Empfehlung an die Klassenlehrer – sollte alles Wissen, das man den Kindern vermittelt, grundsätzlich gefühlsgesättigt sein und möglichst stark das Einfühlungsvermögen aktivieren. Es sollte auch so *künstlerisch* wie nur möglich gestaltet werden, aber das ist ein Extra-Fass, das ich erst in einem späteren Teil aufmachen werde.

Erst Boden-Optimierung, dann Ernteerfolg. Das heißt für den Verstand: Erst Einfühlungsvermögen entwickeln – dann einen Verstand ernten, der aus der Sache heraus denkt.
Es ist also ein entstellendes Vorurteil, wenn behauptet wird, dass die Waldorfschulen auf Kriegsfuß stünden mit dem Intellekt. Das Gegenteil ist richtig. Die Steinersche Erziehungskunst will den Intellekt so gut wie nur irgend möglich entwickeln. Sie macht das aber nicht in einem naiven Schnellschussverfahren. Schnellschussverfahren heißt: ohne eine gründliche Untersuchung der Entwicklungsgesetzmäßigkeiten des Verstandes. *Erst Menschenerkenntnis, dann pädagogische Maßnahmen.* Im Hinblick auf die Entwicklung des Intellektes zeige eine gründliche Menschenerkenntnis – so Steiner – , dass es kontraproduktiv ist, wenn man den Intellekt des Kindes so früh wie möglich direkt trainiert. Beim Lernen eines Musikinstrumentes ist das anders. Da ist die Devise „so früh wie möglich“ in bestimmten Grenzen berechtigt (nämlich solange es kein Drill wird, der sich bis zur Übergriffigkeit und zum seelischen Kindesmissbrauch steigern kann). Aber das liegt daran, dass die musikalischen Kräfte ganz andere Kräfte sind als die Verstandes-Kräfte. Schert man beide über einen Kamm, wird man dem Intellekt nur scheinbar gerecht. Stattdessen lautet die aus Menschenerkenntnis gegebene Devise: „Gebt den Kindern einen möglichst großen Wissensschatz, der so gefühlsgesättigt wie nur möglich ist. Dann entwickelt sich der Intellekt im

Schoße dieses Gefühlswissens auf natürliche und gesunde Weise.“ Nebenbei verhindert man dadurch, dass man später als Erwachsener zwar intellektuell viel einsehen kann, aber noch lange nicht entsprechend handelt. Man handelt viel zu oft nicht den Einsichten entsprechend. Der Grund: Zum rationalen Verstehen muss immer auch emotionales Verstehen hinzukommen. Und das ist oft nicht der Fall. Viel zu viel Wissen lässt einen kalt. Hat aber der Verstand von Anfang an seine Wurzeln in der Einfühlung und entwickelt er sich *durch* Einfühlung, dann wird diese Kluft kleiner. Die Frage ist, wie man das macht.

Bei den Märchen und Legenden der ersten und zweiten Klasse scheint das einfach zu sein. Aber wie ist es in der Physik oder Biologie der Mittelstufe? Steiner gab dazu den damaligen Lehrern ein Beispiel aus der Physik der sechsten Klasse. Thema: Lichtbrechung bei der konkaven Linse. Das Licht, so schildere man es den Kindern, muss ja durch das Glas der Linse hindurch. *Fühlt* man mit dem Licht mit, so ist der Durchgang durch das Glas für das Licht anstrengend, weil ihm ein Widerstand entgegengesetzt wird. Ganz so, wie es für uns anstrengend ist, wenn wir durch Wasser waten müssen. Nun ist aber das Glas der konkaven Linse in der Mitte dünner und außen dicker. Deshalb braucht das Licht, das in der Mitte durch das dünnere Glas geht, weniger Kraft als das Licht, das außen durch das dickere Glas muss. Die Folge: Das Licht, das durch das dünne Glas gegangen ist, ist nach dem Durchgang etwas weniger angestrengt und hat noch mehr Kraft übrig als diejenigen Lichtstrahlen, die außen durch das dickere Glas gingen und dafür mehr Kraft aufwenden mussten. Die äußeren Strahlen sind erschöpfter, die inneren haben noch viel Kraft und deshalb drängen

die krafterfüllten inneren Strahlen die äußeren erschöpften Strahlen zur Seite.
Es wird klar, worum es Steiner geht: Selbst beim Verständnis von Naturvorgängen geht es um ein Verständnis aus der Sache heraus und das ist ohne Einfühlung nicht zu gewinnen. So wie ich einen Menschen nur verstehen kann, wenn ich mich in ihn einfühle, so kann ich auch die Natur umso besser verstehen, wenn ich mich in ihre Prozesse einfühlen kann. (Dass dabei auch der unbewusst nachschaffende Wille eine Rolle spielt, ist eine weitere Dimension des Erkenntnisprozesses. Letztlich verstehe ich nur, was ich selbst nachschaffe.)

Ich habe einmal im Physikunterricht einer sechsten Klasse die Kinder gefragt: Könnt ihr euch in den Magneten einfühlen? Warum zieht er das Eisen an?“ A. H. meldete sich: „Vielleicht ist es ja so, dass der Magnet früher selbst Eisen war. Aber vielleicht hat er sein Eisen-Wesen verloren. Wenn jetzt Eisen in seine Nähe kommt, dann sehnt er sich danach, sich wieder mit seinem Wesen zu verbinden.“
Ich hatte als Lehrer eine Gänsehaut, als der Schüler diese Antwort gab. Was für ein Einfühlungsvermögen! Was für eine Fantasie!

Anderes Beispiel: Grammatik. Auch hier geht es um Einfühlung, wenn man nicht nur oberflächlich die grammatischen Phänomene mit Etiketten versehen will. Es ist ein feiner Unterschied, ob ich sage: „Wir stiegen zum Gipfel *trotz des dichten Nebels*“ („trotz des dichten Nebels“ ist eine sogenannte *konzessive Adverbiale*) oder ob ich formuliere: „Wir stiegen zum Gipfel, *obwohl der Nebel sehr dicht war.*“ („obwohl der Nebel sehr dicht war“, ist ein sogenannter *konzessiver Ne-*

bensatz). Die entscheidende Frage ist: Wie fühlt sich der Unterschied zwischen Adverbiale und adverbialem Nebensatz an? (Inhaltlich ist in beiden Sätzen dasselbe gesagt.) Einige Antworten der Kinder: „Trotz des dichten Nebels" ist viel gedrängter, klobiger, kompakter, während die Formulierung „obwohl der Nebel dicht war" im Vergleich fließender und ausgedehnter wirkt. Und schon entdeckt man in einem einfachen grammatischen Phänomen eine Welten-Polarität, nämlich diejenige von Zusammenziehung, Verhärtung und Verdichtung auf der einen Seite und von Ausweitung und Ausdehnung auf der anderen. (In der Krankheitslehre erscheint die gleiche Polarität in den Krankheiten aus dem Formenkreis der Sklerotisierung auf der einen Seite und in den Krankheiten aus dem Formenkreis der Entzündungen auf der anderen.) Die mehr oder weniger abstrakte Unterscheidung von konzessiver Adverbiale und konzessivem adverbialem Nebensatz wird belebt durch Einfühlung in die Sache. Und dadurch erst wird der grammatische Sachverhalt verständlicher. Zugleich bietet sich die Möglichkeit, eine Anregung Steiners aufzugreifen: Es wecke immer ein natürliches Interesse der Kinder, wenn man bei einem Thema einen *Bezug zum Menschen* herstellt. Bei der Behandlung der Wärme in der Physik könne man auf das Phänomen des Fiebers eingehen. Und in unserem Falle auf die Polarität „Verhärtung und Entzündung" beim Menschen. Die Kinder hängen einem dann an den Lippen, denn sie haben einen natürlichen Drang, immer mehr vom Menschen verstehen zu wollen.

Für den Klassenlehrer bedeutet das viel Arbeit. Er muss sich bei jedem Unterrichtsstoff die Wege der Einfühlung (oder der Querverbindungen zum Menschen) selbst erarbeiten. Er benötigt dazu in erster Linie den Mut, von dem Rudolf Steiner gleich zu Beginn des Begründungskurses im August 1919 sprach. Er benötigt dazu zweitens genügend viel Zeit zur Vorbereitung. Und schließlich benötigt er auch das unterstützende Verständnis der Oberstufenlehrer (und möglichst auch der Eltern), die wissen, worum es geht. Im Idealfall halten die Oberstufenlehrer und die Eltern dem Klassenlehrer den Rücken frei: „Es kommt uns nicht darauf an, dass du möglichst viel Stoff abgehakt hast. Es kommt uns darauf an, dass die Kinder im *exemplarischen Lernen*, wie es Martin Wagenschein (1896–1988) genannt hat, vor allem mit dem Gefühl eintauchen können. Dieses Einfühlen ist die Plazenta der Verstandeskräfte. Wenn ihr Klassenlehrer in der Mittelstufe die Lichtbrechung auf die skizzierte Weise einführt, dann legt ihr damit den Grund für ein besseres Verständnisvermögen in der Oberstufe. Denn so lernen die Kinder, in die Dinge einzutauchen und sie gleichsam von innen heraus zu verstehen."
Wenn hingegen die Kinder in der Mittelstufe die Brechungsgesetze nur auswendig lernen mussten, dann haben sie im Grunde gar nichts verstanden. Und dann fragen sie sich später, wenn man in der Optik der 12. Klasse darauf zurückkommt: „Wie war das noch mal bei der konkaven Linse? Werden da die Strahlen nach außen oder nach innen gebrochen?" Und oft läuft es dann auf ein Raten hinaus. Mit anderen Worten: Wenn die Fähigkeit der Einfühlung in der Mittelstufe nicht gepflegt wurde, fällt einem das später auf die Füße. Die Erkenntniskräfte kommen gleichsam verkümmert zur Welt,

wenn sie mit der Pubertät aus ihrer Hülle geboren werden. Noch später kommt es – vor allem vor den Prüfungen – viel zu oft und viel zu viel zu einem bloßen Einpauken von Halb-Verstandenem.
Wurde aber in der Mittelstufe die Fähigkeit veranlagt, sich einfühlen zu können, dann tritt etwas anderes ein: Die Schüler versuchen auf der Stelle, sich den fraglichen Sachverhalt schnell selbst klarzumachen.
Fazit: Je stärker die *einfühlende* Erkenntniskraft angelegt wurde, desto einfacher wird später sogar das Lernen auf vorgegebene Prüfungen. Diese üben ganz fraglos einen erheblichen Druck auf die Oberstufenlehrer aus. Aber es wäre der falsche Weg, diesen Druck nach unten an die Klassenlehrer der Mittelstufe weiter zu geben: „Diese Liste solltet ihr möglichst schon abgearbeitet haben." Es gibt etwas viel Besseres: Den Boden optimieren, aus dem der Intellekt gesund herauswächst. Je höher die Bodenqualität, desto größer der Ernteerfolg – sogar im Hinblick auf die staatlichen Prüfungen.

Deshalb geht es in der Mittelstufe auch nicht darum, den Klassenlehrern den oft angeführten „Mut zur Lücke" zuzusprechen. Denn die Redeweise vom „Mut zur Lücke" geht unausgesprochener Weise immer noch vom Ideal der Vollständigkeit der Stofffülle aus. (Wozu sonst Mut, wenn es nicht um den Mut zum Verstoß gegen das Ideal der Vollständigkeit ginge?) Das Ideal der Vollständigkeit ist aber pädagogischer Unfug und als solcher zu verabschieden. Wenn man sich aber in den Köpfen und Herzen von ihm verabschiedet hat, dann erübrigt sich auch die Rede vom „Mut zur Lücke". Denn je mehr man die Welt an exemplarischen Fällen durch gezielt aktivierte Einfühlung verstehen gelernt hat, und je mehr sich daran der Intellekt auf organische Weise ausbildete (so wie das Kind im Mutterleib bereits die Beinchen bewegt), desto mehr entwickelt sich der natürliche Drang, alles Erstaunliche, auf das man stößt, *selbst* verstehen zu wollen. Und dann stellt sich im Laufe der Zeit auch eine immer größere Fülle an Wissen als Nebeneffekt ein, sozusagen als Kollateral-Glück. Es ist ein durch und durch berechtigtes Ideal, so viel wie möglich zu wissen und zu kennen. Aber das erreicht man niemals durch ein Abarbeiten einer vorgegebenen Stofffülle, sondern durch das Freilegen des Erkenntnistriebs und – wie Aristoteles es nannte – der Erkenntnislust.[13]

Ich selbst war immer wieder begeistert davon, wie meine Kolleginnen und Kollegen es in der Unter- und Mittelstufe geschafft haben, die dem Alter der Kinder angemessenen Unterrichtsstoffe so aufzubereiten, dass die Kinder mit dem Gefühl einsteigen konnten. Darauf ließ sich dann in der Oberstufe hervorragend aufbauen. Im Zuge der Pubertät wird nämlich der Verstand *frei*, ähnlich wie der Körper durch die Geburt. Die Transformation des durchfühlten Wissens in ein *gedanklich durchdrungenes* Wissen gehöre dann – so Steiner – zur schönsten Erfahrung überhaupt, die ein Schüler machen kann. Sie ermögliche es nämlich, den eigenen Unsterblichkeitskern zu erfassen. Und das gehört dann zu den bedeutsamsten Ernteerfolgen, die überhaupt möglich sind, *wenn* zuvor der Boden in der richtigen Weise optimiert worden ist. Ich möchte Ihnen dazu – ohne weiteren Kommentar – Steiners Ausführungen schildern, die er 1924 in Bern gegeben hat:

„Denn der Mensch muss möglichst so erzogen werden, dass das Intellektuelle, das mit der Geschlechtsreife erwacht, in der eigenen Menschenwesenheit seine Nahrung finden kann. Hat der Mensch vorher durch Nachahmung, auf Autorität hin, in der Bildhaftigkeit einen innerlichen Reichtum aufgenommen, dann wird das, was er so aufgenommen hat, sich intellektualistisch umwandeln lassen, wenn er die Geschlechtsreife erlangt hat. Er wird immer davor stehen, dasjenige jetzt zu denken, was er vorher gewollt und gefühlt hat. Und dass dieses intellektualistische Denken ja nicht zu früh eintritt, dafür ist eigentlich im Unterricht und in der Erziehung auf das gründlichste zu sorgen. Denn der Mensch kommt nicht zu einem Freiheitserlebnis, wenn man es ihm eintrichtern will, sondern nur dadurch, dass es in ihm selber erwacht. Aber es darf nicht in seelischer Armut erwachen. Wenn der Mensch nichts vorher durch Nachahmung und Nachbildung in sich aufgenommen hat, so dass es heraufgenommen werden kann aus den Seelentiefen in das Denken, dann will der Mensch im geschlechtsreifen Alter im Denken sich entfalten, und die Folge davon ist, dass er, wenn er nichts aufgenommen hat in Nachahmung und Bild, auch nichts findet, woran er sich entfalten kann, gewissermaßen ins Leere greift mit dem Denken. Das gibt ihm Haltlosigkeit, das bringt ihn dazu, in jenem Lebensalter, wo er eigentlich schon in sich bis zu einem gewissen Grade gefestigt sein müsste, sich in allerlei Allotria einzulassen, dies und jenes nachzumachen, sich zu gefallen, nachzuahmen in den Rüpel- und Flegeljahren dasjenige, was ihm gerade gefällt – meist ist es etwas, was den anderen, die eben auf die Nützlichkeit des Lebens ausgehen, nicht gefällt -, das nachzuahmen, weil er als Kind nicht im richtigen Nachahmen lebendig gehalten worden ist. So sehen wir viele nach der Geschlechtsreife herumlaufen, da oder dorthin sich anlehnend und damit das innere Freiheitser-

lebnis betäubend. In jedem Lebensalter muss eben durchaus darauf gesehen werden, dass man nicht bloß für dieses Lebensalter erzieht, sondern für das ganze irdische Menschenleben, ja noch darüber hinaus. Denn die schönste Art, zunächst an die unsterbliche Menschenwesenheit heranzukommen, ist die, nun selber zu erfahren nach der Geschlechtsreife, wie dasjenige, was durch Nachahmung in Bildern sich in die Seele ergossen hat, jetzt der Seele selber sich emanzipiert in den Geist herauf, und zu fühlen, wie es übergeht aus dem zeitlichen Wirken in das ewige Wirken, das dann durch Geburt und Tod geht. An diesem Heraufkommen desjenigen, was in richtiger Weise durch die Erziehung in die Menschenseele sich ergossen hat, erlebt man die Unsterblichkeit, denn man erlebt vor allen Dingen deutlich durch Erfahrung, dass man etwas war, bevor man in die physische Welt heruntergestiegen ist. Und mit dem, was man war, bevor man in die physische Welt heruntergestiegen ist, verbindet sich das, was auftritt aus dem religiös Nachgeahmten und bildhaft Aufgenommenen; so kommt man heran im Erleben an den Unsterblichkeitskern.“ (GA 309, S. 309)

6 Die *Prägung* der Organe

Weichenstellungen der frühen Kindheit

Erst Menschenerkenntnis – dann pädagogische Konsequenz. Zu den erstaunlichsten menschenkundlichen Entdeckungen Steiners gehört seine Einsicht, wie enorm wichtig die Ausreifung der Organe für die Entwicklung des Kindes ist. Die Organe verändern sich in den ersten Lebensjahren in ihren Feinstrukturen. Und Steiners Entdeckung war, dass dabei sämtliche Wahrnehmungen, die ein Kind macht, eine enorme Rolle spielen. Alle Wahrnehmungen wirken sich beim Kind – so Steiner – auf die Organ-Ausreifung aus. Mit der jeweiligen Ausreifung der Organe werden aber viele entscheidende Weichen gestellt und zwar nachhaltig. In der Fachsprache der Biologie: Die Organe werden in den ersten Lebensjahren *geprägt* und diese Prägung bleibt dann mehr oder weniger ein Leben lang eine Grundlage. Aber der Reihe nach.[14]

Wenn das Kind etwas Süßes schmeckt, dann schmeckt es die Süße nicht nur auf der Zunge, wie das beim Erwachsenen der Fall ist, sondern die Süße-Empfindung durchflutet gewissermaßen den gesamten Körper. Ähnlich ist das bei allen Sinneswahrnehmungen. Auch die Farben und Töne, die Gerüche und Geschmacksempfindungen haben beim Kind eine viel *ausgedehntere* Wirkung als beim Erwachsenen. Beim kleinen Kind kommt es sozusagen zu einer „Ganz-Körper-Wirkung" der Sinneswahrnehmungen, während beim Erwachsenen die Ausdehnung der Sinneswahrnehmungen örtlich eingeschränkt wird.[15] Klassisches Beispiel: Wenn ein kleines

Kind hingefallen ist und sich das Knie ein wenig weh getan hat, dann erlebt es den Schmerz im ganzen Körper und nicht nur im Knie. Deshalb kann es einen Schmerz oft gar nicht genau lokalisieren.[16]

Hört ein kleines Kind viel Musik, so wirkt sich das zunächst auf die Verbindungen der Nervenmodule im Hörzentrum aus. Aber nicht nur auf diese: Das Kind hört mit dem ganzen Körper und deshalb sind die Nervenbahnen, die den Körper durchziehen, auch „erfüllt" von Musik und bauen sich entsprechend auf.[17] Und umgekehrt: Ohne Tonwahrnehmungen bleibt die Bildung der entsprechenden Hirnareale und der Nervenbahnen im Körper weniger differenziert. Das Gleiche gilt für die Wahrnehmungen sämtlicher Sinne. Je reichhaltiger die Wahrnehmungen, desto differenzierter die korrespondierenden Hirnpartien sowie etliche Nervenbahnen, die den Körper durchziehen.
Die Ausdehnung der Wahrnehmungen ist das eine. Das andere ist die *Feinheit* der Wahrnehmungen. Steiner beobachtete, wie ein Kind bereits kleinste Nuancen im Blick der Mutter wahrnimmt. Ein Kind bekomme – so Steiner – viel mehr mit von der Welt als man als Erwachsener ahnt. Das Kind nimmt die Mimik der Bezugsperson wahr, ihre Gesten und ihre Bewegungen. Und so fein die Wahrnehmungen auch sind, das Kind empfindet diese mit dem ganzen Körper. Auf diesem Wege nimmt es erstens die *Stimmungen* der Erwachsenen in seiner Umgebung wahr. Das heißt, es nimmt unbewusst wahr, ob die Mutter niedergeschlagen ist oder lebensfroh. Denn im Blick der Mutter oder des Vaters, in der Mimik, in den Gesten und Bewegungen und im Tonfall drücken sich – mehr oder weniger subtil – die inneren Ver-

fassungen der Erwachsenen aus. Zweitens nimmt das Kind auf demselben Weg im Laufe der Zeit die *seelischen Grundeigenschaften*, also den *Charakter,* der Bezugspersonen wahr. Steiner wörtlich:

„*Man muss die physische Umgebung nur in dem denkbar weitesten Sinne nehmen. Zu ihr gehört nicht etwa nur, was materiell um das Kind herum vorgeht, sondern alles, was sich in des Kindes Umgebung abspielt, was von seinen Sinnen wahrgenommen werden kann, was vom physischen Raum aus auf seine Geisteskräfte wirken kann. Dazu gehören auch alle moralischen oder unmoralischen, alle gescheiten und törichten Handlungen, die es sehen kann.*“ (GA 34, 324)

Mit anderen Worten: Weil das Kind unbewusst, aber mit dem ganzen Körper in seinen Wahrnehmungen lebt, haben die Handlungen der Erwachsenen und so auch die seelische Verfasstheit der Erwachsenen und der Charakter der Erwachsenen einen erheblichen Einfluss auf das Kind. Im Wortlaut Steiners:

„*Namentlich das, was von den Eindrücken der Menschen der Umgebung kommt, ob wir uns langsam bewegen in der Umgebung des Kindes, und dadurch die Lässigkeit unseres Charakters offenbaren, ob wir uns stürmisch bewegen in der Umgebung des Kindes und dadurch die Wucht unseres eigenen Charakters offenbaren, das alles wird von dem Kinde fast mit derselben Intensität aufgenommen, mit der sonst die Eindrücke, die auf das Sinnesorgan wirken, von diesem Sinnesorgan aufgenommen werden. Das Kind ist im Ganzen Sinnesorgan. Man kann schon sagen: Wenn wir erwachsen sind, haben wir Geschmack im Munde, auf dem Gaumen, auf der Zunge. Das Kind fühlt den Geschmack viel tiefer hinunter in seinen Organismus, das*

Geschmacksorgan dehnt sich sozusagen durch einen großen Teil des Körpers aus. So die anderen Sinne. Die Lichteinwirkungen verbinden sich beim Kinde innig mit den Atmungsrhythmen, sie gehen hinunter in die Blutzirkulation. Dasjenige, was der Erwachsene abgesondert im Auge erlebt, erlebt das Kind durch den ganzen Leib hindurch, und ohne dass Überlegung dazwischentritt, kommen die Willensimpulse unmittelbar wie Reflexerscheinungen beim Kinde zutage. (…) So wirkt der ganze Leib des Kindes wie ein Sinnesorgan reflexartig gegenüber dem, was in der Umgebung vorgeht. (GA 308, 14)

Entscheidend sind dann die dauerhaften Folgen:

„Die physischen Organe (des Kindes) bilden sich ihre Formen durch die Einwirkung der physischen Umgebung. Es bildet sich ein gesundes Sehen aus, wenn man die richtigen Farben und Lichtverhältnisse in des Kindes Umgebung bringt, und es bilden sich in Gehirn und Blutumlauf die physischen Anlagen für einen gesunden moralischen Sinn, wenn das Kind Moralisches in seiner Umgebung sieht. Wenn vor dem siebenten Jahre das Kind nur törichte Handlungen in seiner Umgebung sieht, so nimmt das Gehirn solche Formen an, die es im späteren Leben auch nur zu Torheiten geeignet machen. Wie die Muskeln der Hand stark und kräftig werden, wenn sie die ihnen gemäße Arbeit verrichten, so wird das Gehirn und werden die anderen Organe des physischen Menschenleibes in die richtigen Bahnen gelenkt, wenn sie die richtigen Eindrücke von ihrer Umgebung erhalten.“ (GA 34, 324 f.)

Was Steiner – wenige Jahre vor den Anfängen der Verhaltensbiologie – entdeckt hat, ist das Phänomen der „Prägung“ auf *zwei Ebenen*: auf der physiologischen Ebene, nämlich auf der Ebene der Organausreifung, und – daraus folgend – auf der

Ebene des Verhaltens. Die Konsequenzen sind beträchtlich. Die Erwachsenen haben durch das, was sie denken, empfinden und tun einen nicht unerheblichen Einfluss auf die Mikro-Ausbildung der Organe der Kinder und damit auch auf die seelische Disposition der Kinder.
„Achte auf das, was du denkst, denn deine Gedanken wirken sich (über deine unbewussten Mikrobewegungen) auf die Organe deiner Kinder aus."
„Achte auf deine Gefühle, denn auch sie haben Folgen bis in die Prägung der Organe."
„Achte auf deine Handlungen vor dem Kind, denn das Kind nimmt unbewusst viel mehr und viel feiner wahr als du ahnst. Die wiederholten Wahrnehmungen aber haben langfristige Auswirkungen. Mache dir das zunächst nur bewusst und ziehe dann die Konsequenzen in dem Maße, das dir möglich ist."

Steiner benannte nur einige wenige Beispiele:

a) Die Grundstimmung der Erwachsenen

Ist die Grundstimmung der Erwachsenen freudig oder eher beklemmend? Erlebt das Kind eine *echte* harmonische Verträglichkeit der Erwachsenen oder nur erzwungene oder gespielte Verträglichkeit? Erlebt es Dauerstreit? All das hat Auswirkungen auf die Organbildung. Gerade eine freudig-warme Atmosphäre habe – so Steiner – einen positiven Einfluss.

„Zu den Kräften, welche bildsam auf die physischen Organe wirken, gehört (insbesondere) Freude an und mit der Umgebung. Heitere

Mienen der Erzieher, und vor allem **redliche**, *keine erzwungene Liebe. Solche Liebe, welche die physische Umgebung gleichsam warm durchströmt, brütet im wahren Sinn des Wortes die Formen der physischen Organe aus.“* (GA 34, 328)

Wer vor dem Kind *ständig* seinen Stress oder seinen Frust und seine schlechte Laune auslebt, der kann mit Recht sagen, dass er sich authentisch verhält. Aber er kann sich auch klarmachen, welche Wirkung die eigene Dauer-Frustration und die dauerhaft schlechte Laune auf ein Kind haben. Und dieses Bewusstsein kann durchaus im einen oder anderen Fall eine Veränderung bewirken: „Ich muss unbedingt dafür sorgen, dass ich selbst weniger unter Stress stehe. Ich weiß zwar noch nicht, wie ich das mache, aber ich muss hier etwas unternehmen. Ich will einfach nicht, dass sich mein Stress auf die Organbildung meines Kindes auswirkt.“[18,19] Dauerstress ist nur ein erstes Beispiel für eine *Grundstimmung*. Ein anderes ist die Grundstimmung der Dankbarkeit oder eben der Unzufriedenheit. Wer als Kind mit Eltern aufgewachsen ist, die meist unzufrieden waren (mit ihrer beruflichen Situation oder mit der Partnerschaft oder mit der Wohnung etc. oder mit allem), der ahmt vermittels des Nerven-Sinnes-Systems die Handlungsmuster der Eltern nach. Entsprechend bilden sich die korrespondierenden Gehirnareale aus. Sie sind dann in der Folge – so Steiner – mehr prädestiniert für das Erleben von Unzufriedenheit als für das Erleben von Dankbarkeit. Aber eben auch umgekehrt: Leben die Eltern Dankbarkeit vor, bilden sich – so Steiner – im Kind organische Strukturverhältnisse aus, die ein Dankbarkeitserleben einfacher machen. Wer jedoch als Kind nur selten eine Dankbarkeitsatmosphäre seiner Eltern erlebt hat, der wird es mit der eigenen Dankbarkeit schwerer haben und muss sich das u. U. später mühsam erarbeiten.[20] So wie sich bei einem Tier, das von der ersten Kindheit an immer im Dunkeln lebt, das Auge nur wenig ausbildet (wie zum Beispiel beim Maulwurf, dessen Augen winzig bleiben), so ist es auch mit den seelischen Augen: Wer in seiner Kindheit in einem Dankbarkeits-Dunkel gelebt hat, dessen Dankbarkeits-Auge hat im Gehirn ungünstige Voraussetzungen und bleibt deshalb in vielen Fällen schwach entwickelt. Zum Glück nicht in allen.

b) Lebenseinstellungen und ihre Langzeitfolgen

Eine ähnliche Rolle wie die Grundstimmungen spielt die *Lebenseinstellung* oder Weltanschauung der Erwachsenen. Es gibt Eltern, die mit einer ausgesprochen pessimistischen Weltanschauung durchs Leben navigieren: „Die Welt ist schlecht. Die Menschen sind sündhaft. Deshalb wird die Menschheit auch untergehen." Es ist nicht leicht für Kinder, sich von einer derartigen Ideologie der Eltern zu befreien. Manche schaffen das nie. Sie übernehmen und wiederholen, was ihnen von den Eltern eingeprägt wurde. Andere lassen die Weltanschauung der Eltern hinter sich. „Nein, die Welt ist nicht nur schlecht. Die Menschen sind nicht nur böse. Das haben mir meine Eltern zwar gepredigt, aber ich will die Welt und die Menschen anders sehen und mit einer positiveren Haltung auf die Welt zugehen." Es dauert oft lange, bis das gelingt. Aber wenn es gelingt, ist das ein Erfolg, auf den man dann mit Recht stolz sein darf. Und dennoch: es gibt einen tiefergehenden Einfluss der negativen Grundeinstellung der Eltern. Sie kann sich – im ungünstigen Fall – bis in die Organbildung der Kinder hinein ausgewirkt haben. Während sich eine frohe Grundstimmung – wie Steiner schrieb – förderlich auf die Organbildung auswirkt, trägt eine negative Grundstimmung weniger zum Gedeihen der Organe bei. Nach heutigem Wissensstand verläuft die Wirkungskette so: Die wahrgenommene negative Grundstimmung löst im Gehirn des Kindes korrespondierende chemo-elektrische Vorgänge in den Nervenmodulen aus, die dann zu Reaktionen in anderen Organen, zum Beispiel im Magen oder im Darm, führen. Das Entscheidende aber ist die Frage, in welchem Ausmaß die Prozesse *chronisch* werden. Denn dann haben sie auch bleibende Folgen:

„*Die physischen Organe müssen in dieser Zeit (bis zur Schulreife) sich in gewisse Formen bringen; ihre Strukturverhältnisse müssen bestimmte Richtungen und Tendenzen erhalten.*" (GA 34, 323) Sind die Strukturverhältnisse jedoch – je nach Umgebung – einmal angelegt, so ändere sich an ihnen nicht mehr viel. Es finde nur noch Wachstum statt, „*aber dieses Wachstum geschieht in aller Folgezeit auf Grund der Formen, die sich bis zu der angegebenen Zeit herausgebildet haben. Haben sich richtige Formen herausgebildet, so wachsen richtige Formen, haben sich Missformen herausgebildet, so wachsen Missformen. Man kann in aller Folgezeit nicht wieder gutmachen, was man in der Zeit bis zum siebenten Jahre als Erzieher versäumt hat.*" (GA 34, 323)

Ein unbequemer Sachverhalt. Denn das heißt: Wenn sich unter einer negativen Lebens-Grundeinstellung der Eltern im Kind die entsprechenden Organ-Strukturverhältnisse ausgebildet haben, so bleiben sie bestehen und wachsen nur größenmäßig weiter. Viel später im Leben, nämlich erst im Erwachsenenalter, zeigen sich dann – so Steiner – die funktionalen Störungen zum Beispiel in einer Darm-Erkrankung und in der Folge in einer Schwächung der Energie. Verwunderlich ist das nicht. Wer unter einer Stoffwechselstörung leidet, erfährt dadurch nicht gerade einen Zuwachs an Kraft, sondern in der Regel das Gegenteil. Labiler Stoffwechsel – labileres Leistungsvermögen.

Mit anderen Worten: Auch wenn man sich seelisch von der Lebenseinstellung der Eltern verabschiedet hat, wirken die Folgen dieser Lebenseinstellung in den Organstrukturen immer noch nach. Die Lebenseinstellung der Eltern ist in der Kindergeneration gewissermaßen eine Region tiefer gestiegen: Bei den Eltern lebte die Lebenseinstellung bloß im Bewusstsein, bei den Kindern wird sie organisch. Eine mögliche Folge: Treffen solche Kinder später auf die Widerstände und die Härten des Lebens, so werden sie von diesen Widerständen empfindlicher getroffen. Das heißt nicht, dass sie damit nicht zurechtkommen, aber sie werden empfindlicher getroffen als andere Menschen, die günstigere Kindheitsbedingungen hatten und die deshalb in ihrer Konstitution widerstandsfähiger (resilienter) sind und mit den gleichen Schwierigkeiten ganz anders umgehen können.
Kinder, bei denen sogenannte „negative Emotionen“ (etwa Hassgefühle) durch das Elternhaus tabuisiert waren und die durch ihre Eltern nicht lernen durften, auch solchen Gefühlen Raum zu geben, unterdrückten nicht selten diese negativen Gefühle. Der Volksmund sagt: „Man frisst ein Gefühl in sich hinein.“ Das unterdrückte Gefühl aber löst im Gehirn entsprechende Verschaltungen aus, die dann zu weiteren körperlichen Reaktionen zum Beispiel in der Darmflora führen. Freilich, das muss nicht bei allen Kindern so sein. Es gibt Kin-

der, die derart günstige körperliche und seelische Grundvoraussetzungen vererbt bekommen haben, dass an ihnen die negative Grundeinstellung der Eltern (oder deren Dauerstress) abperlt wie das Wasser an der Ente. Das sind Kinder mit einer „unkaputtbaren" positiven Lebensfreude – woher auch immer sie kommen mag. Aber am anderen Ende des Spektrums gibt es eben auch solche Kinder, die von vorneherein empfindlicher sind. Für sie ist eine negative Lebenseinstellung der Eltern geradezu Gift. Sie können die negative Einstellung nicht an sich abperlen lassen, sondern nehmen sie tief in sich auf – mit den entsprechend starken Folgen für die Feinstruktur der Organe und mit entsprechenden Langzeitfolgen.
Zwischen beiden Polen des Empfindlichkeits-Spektrums befindet sich der Durchschnitt, wo sich eine negative Lebenseinstellung der Eltern mal mehr, mal weniger stark auf die Organbildung auswirkt.

Steiner brachte den benannten Zusammenhang in eine knappe Formel:
„**Vorbild und Nachahmung**". Gemeint ist: Die Umgebung des Kindes ist *unweigerlich* das Vor-Bild für das Kind. Das Kind ahmt das Vor-Bild nach – nicht bewusst, sondern reflexhaft über das Nerven-Sinnes-System. Das Vor-Bild können die Erwachsenen beeinflussen – die reflexhafte Nachahmung nicht. Sie findet einfach statt, ob man will oder nicht. Die reflexhafte Nachahmung aber wirkt prägend: *„Was in der physischen Umgebung vorgeht, das ahmt das Kind nach, und im Nachahmen gießen sich seine physischen Organe in die Formen,* **die ihnen dann bleiben**." (GA 34, 324)

Die Gesellschaftsgeschichte der Auswirkungen von Lebenseinstellungen ist noch nicht geschrieben. Sie steckt erst in den Anfängen. Ungezählte Eltern früherer Generationen waren zum Beispiel enttäuscht, wenn ihr Kind nicht ein Junge, sondern „nur ein Mädchen" war.[21] Was diese Enttäuschung langfristig angerichtet hat, ist noch lange nicht systematisch untersucht worden. Untersucht wurden allerdings in ersten Studien die Folgen von Kriegserfahrungen auf die nachfolgenden Generationen. Väter, die über ihre Kriegserlebnisse geschwiegen haben, haben ihre Haltung des Verschweigens und Verdrängens an ihre Kinder weitergegeben. Entsprechend wurden diese Kinder „geprägt", sodass auch sie entsprechende Verhaltensmuster an ihre Kinder weitergaben. In der jüdischen Kultur gibt es dafür einen harten Satz: „Die Sünden der Väter erben sich fort bis ins siebte Glied" (also bis in die siebte Generation). Das Phänomen der Prägung wird dadurch außerordentlich vielschichtig und komplex. Aber auf der anderen Seite dürften es nicht nur „die Sünden" der Väter (und Mütter) sein, die sich forterben, sondern genauso ihre guten Taten. Wie man beides fair gegeneinander abwägt, ist auch eine Frage … der Dankbarkeit.

c) Die frühkindliche Förderung der Kreativität

Der derzeit weltweit bekannteste Erziehungswissenschaftler, der Brite Sir Ken Robinson, hat in seinem berühmten TED-Talk beklagt, dass das heutige Schulsystem die Kreativität der Kinder viel zu wenig fördere. „We don't educate into creativity, we educate out of it", so die provokante These. *Wie* man allerdings die Veranlagung zur Kreativität bis in die Hirnstrukturen hinein immer weiter fördern kann und wodurch man sie eher verkümmern lässt, führt Sir Ken Robinson nicht aus. Steiner war diesbezüglich der Auffassung, dass man schon beim Kinderspiel beginnen könne, wenn man die jeweiligen Auswirkungen der Wahrnehmungen auf die Organe berücksichtigt. Konkret: Ein einfacher Zweig eines Astes, den sich die Fantasie des Kindes zu einem Zauberstab ergänzt, ist – im Hinblick auf die Fantasieanregung – günstiger als ein fertig gekaufter und verzierter Stab. Kurz: Je festgelegter die Formen eines Spielzeugs bereits sind, desto weniger regen sie – auf der Ebene der Wahrnehmungsprozesse – die Fantasietätigkeit an. Je mehr das Spielzeug so gestaltet ist, dass die Fantasie des Kindes ergänzen muss, desto mehr werden die entsprechenden Hirnareale ausgebildet. Damit keine Missverständnisse aufkommen: Das heißt nicht, dass ein Kind nicht auch mit naturgetreuen Spiel-Tieren aus Stoff oder aus Plastik außerordentlich fantasievoll spielen kann, wenn es ein Fantasie-begabtes Kind ist. Aber das ändert nichts daran, dass in den subtilen *Prozessen der Perzeption* die Fantasie bei den naturgetreuen Spielzeugtieren weniger angeregt wird als bei einem Spielzeug, bei dem die Formen der Tiere nur angedeutet sind und die Fantasie selbst mehr ergänzen muss, ähnlich wie eine vorgelesene Geschichte mehr die Fantasie des Kindes in Gang bringt als das Anschauen der verfilmten Geschichte. Aber ehe ein Kind gar nicht spielt, ist es ohne Frage besser, dass es hingebungsvoll mit naturalistisch perfekten Plastiktieren spielt als gar nicht zu spielen.

d) Die Wirkung der Gegenfarben

Steiner entdeckte weiter, dass ein bestimmter, sehr subtiler physiologischer Prozess bei der Sehwahrnehmung pädagogisch ausgenutzt werden kann: Die Bildung der Gegenfarbe. Worum geht es? Zunächst handelt es sich um ein bekanntes Phänomen. Betrachtet man ca. 10–15 Sekunden lang eine *blaue* Fläche und schaut anschließend auf ein weißes Blatt Papier oder eine weiße Wand, so sieht man auf dem Weiß eine *gelbe* Farbfläche. Diese Gelb-Wahrnehmung wird vom Auge erzeugt und insofern liegt hier eine Eigenaktivität des Auges vor. Beim Betrachten einer roten Farbfläche wird Grün als Gegenfarbe erzeugt usw. So weit, so bekannt. Steiner beobachtete nun, dass die aktiv erzeugte Gegenfarbe (z. B. Gelb) erstaunlicher Weise eine stärkere Wirkung auf die Organe ausübt als die betrachtete Farbe. Diesen Effekt wollte Steiner ausnutzen. Sein Beispiel: *„Hat das aufgeregte Kind eine rote Farbe in seiner Umgebung, so erzeugt es in seinem Inneren das grüne Gegenbild. Und die Tätigkeit des Grünerzeugens wirkt beruhigend,* ***die Organe*** *nehmen die Tendenz der Beruhigung in sich auf."* (GA 34, 327) Das ist nun in der Tat überraschend. Die meisten Menschen würden denken, dass die rote Farbe eine impulsierende Wirkung hat und die blaue Farbe eher eine ruhige Wirkung. Steiner erforschte, dass es sich umgekehrt verhält. Die größere Wirkung gehe von der unbewussten, aber aktiven Bildung der Gegenfarbe aus. Entsprechend lautete eine seiner Empfehlungen: *„Bei einem unregsamen Kinde (sollte man) zu den blauen oder blaugrünen Farben greifen. Es kommt nämlich auf die Farbe an, die als Gegenfarbe im Inneren erzeugt wird. Das ist zum Beispiel bei Rot die grüne, bei Blau die orange-gelbe Farbe."* (GA 34, 326 f.) Auf diese Entdeckung Steiners gehen seine späteren Angaben zur Farbgestaltung der Klassenzimmer in den ersten Waldorfschulen zurück. Sie berücksichtigen dann allerdings weniger das einzelne Kind, sondern die Alters- und Entwicklungsstufe insgesamt. Die kleinen Kinder, die insgesamt noch ganz im lebendigen Bewegen leben, erhalten Wandfarben in den Rot-Tönen, damit durch die Gegenfarbe-Bildung in den Organen eine Tendenz des Ruhiger-werdens gefördert wird. Die Oberstufenklassen erhalten Blau-Töne, damit mit der unbewussten Bildung der Gegenfarbe „Gelb“ das innere Licht der Erkenntnisprozesse unterstützt wird.

Die Wirkungen der Gegenfarbe-Bildung sind ein subtiler Vorgang. Man kann ihn nutzen, aber man sollte ihn auch nicht überschätzen. Eine richtige Wandfarbe macht noch keinen guten Lehrer. Wenn – im wirklich schlimmen Fall – die seelische Chemie zwischen den Kindern und dem Lehrer nicht stimmt – kann keine noch so richtige Wandfarbe der Welt das kompensieren. Haben die Kinder Angst vor der Über-Strenge eines Lehrers, dann hilft auch die grüne Gegenfarbe nichts. Und kein in der Oberstufe als Gegenfarbe erzeugtes Gelb kann ein Ausgleich für einen erkenntnismäßig sterbenslangweiligen Unterricht sein. Die Prioritäten sind hier ganz eindeutig: Auf Rang 1 steht die Unterrichts- und die Lehrerqualität, dann kommt – irgendwo auf Rang x – die Farbqualität der Räume. Lieber ein guter Unterricht in einer Baracke als ein dauerhaft schlechter Unterricht unter den richtigen Wandfarben. Und besser ein fantasievolles Spiel mit Lego-Steinen oder Schleich-Tieren als gar kein Spiel mit der viel zitierten Taschentuch-Puppe.

e) Chancen der Bildungspolitik

Man stelle sich vor, dass es in allen Schulen der Welt in den höheren Klassen das Fach „Erziehungskunde“ oder „Education“ geben würde und dass alle künftigen Eltern der Welt etwas darüber erführen, wie sie in Zukunft durch ihr Verhalten einen günstigen oder ungünstigen Einfluss auf die Organbildung ihrer künftigen Kinder haben. Man stelle sich vor, dass alle künftigen Eltern etwas darüber erführen, wie ihr Verhalten zu Prägungen führt, die dann lebenslang bleiben. Die Frage ist, wie viel sich dadurch ändern würde. Wenn alle Eltern von dem benannten Zusammenhang wüssten, wäre das zumindest die Chance zu einer bewussteren Erziehungspraxis. Das ist nicht viel, aber es ist mehr als nichts. Und deshalb gehöre – so Steiner – das Fach „Education“ und vor allem eine Kenntnis von der Bedeutung der frühkindlichen Prägungen in jede Schule der Welt.

Auf der anderen Seite sollte man sich davon nicht gleich zu viel versprechen. Die Denk- und Handlungsmuster der Erwachsenen und ihre Gefühlsgewohnheiten ändern sich nicht leicht. Der Weg von der Erkenntnis zur Veränderung des Handelns ist bekanntlich weit. Erkenntnisse, die nicht mit starken Gefühlen verbunden sind, bleiben meist erschreckend wirkungslos. Aber der Mensch ist kein Baum. Im Gegenteil: „Es ist nie zu spät für eine glückliche Kindheit“, heißt es. Wem auch immer dieser berühmte Satz zugesprochen wird, der Satz besagt, dass man auch als Erwachsener seine Einstellungen und in der Folge auch seine Handlungsmuster durchaus noch ändern kann. Aber selbst, wenn es nur wenig ist, das man ändert, ist das Wenige unter Umständen schon viel. Vor allem für die Kinder und ihre frühkindlichen Prägungen.

Steiner schlug aus diesem Grund die Einführung eines neuen verbindlichen Schulfaches vor. Er nannte es „Lebenskunde“.

Eines seiner Kapitel: „Erziehung“. Die Einführung dieses für alle Schüler obligatorischen Faches an allen Schulen der Welt ist auch 100 Jahre nach der Gründung der ersten Waldorfschule nach wie vor ein Desiderat. Denn es ist ein geradezu skurril anmutender Sachverhalt, dass junge Menschen zwar die Abschlussprüfungen an der Schule hinter sich bringen, anschließend eine Ausbildung oder ein Studium absolvieren und mehr oder weniger gut auf ihren Beruf vorbereitet sind, aber auf eins nicht, nämlich auf das, was bei einer Geburtenrate von 1,5 auf 75 Prozent aller jungen Erwachsenen tatsächlich zukommt: Kindererziehung. Doch die überlässt man der Tradition oder dem Bruch mit der Tradition („Ich werde es anders machen als meine Eltern“), aber alles in allem überlässt man sie einer Mischung aus Vorurteilen und gutem Willen. Will eine moderne Gesellschaft sich das leisten? Allein schon unter volkswirtschaftlichen Gesichtspunkten wäre die Einführung des Schulfaches „Pädagogik“ (mit den entsprechenden Praktika) eine der lohnendsten Investitionen überhaupt. Der Return on Investment dürfte nicht nur messbar sein in besseren schulischen Leistungen der nächsten Generation, sondern vor allem in mittelfristig sinkenden Gesundheitskosten.

7 Das erste pädagogische Hauptgesetz

Das Kind erzieht sich immer selbst …

Das Kind – so Rudolf Steiner – erziehe sich immer selbst. Aber: Es erziehe sich am sich selbst erziehenden Erwachsenen. Oder in anderer Formulierung: Der Erwachsene erzieht zuerst sich selbst und *dadurch* das Kind. Oder speziell für die Lehrer formuliert:

„Aber lassen Sie sich das zum Schluss sagen: Wenn man in eine Schule hineingeht, die im Sinne dieser Erziehungskunst geführt wird, (…) dann muss es so sein, als ob über der Türe, wo sich die Lehrer für ihre intimsten Beratungen versammeln, die immerdar mahnenden Worte ständen: „Alle Erziehungskunst soll sein für euch die Erstehung der Forderung eurer eigenen Selbsterziehung. Eure Selbsterziehung, ihr Lehrer, ist der Keim alles desjenigen, was ihr als Erzieher der Kinder wirken könnt. Ja, ihr werdet nichts anderes wirken für die Kinder, als was aus eurer Selbsterziehung hervorgeht." (GA 304 a, 145)

Die Entdeckung des pädagogischen Hauptgesetzes gehört zu den wichtigsten Einsichten auf dem Gebiet der Pädagogik und es liefert das wohl stärkste pädagogische Mittel, das einem als Erwachsener zur Verfügung steht. Der Erwachsene erzieht gar nicht so sehr durch das, was er predigt und lehrt, sondern durch das, was er ist. Er erzieht durch sein Sein, durch seine Konstitution und insbesondere durch das Maß, in dem er an sich gearbeitet hat.

Lebt zum Beispiel der Erwachsene in gesunden Lebensgewohnheiten, so wirkt sich dies positiv auf die körperliche Gesundheit der Kinder aus. Die guten Seelengewohnheiten des Erwachsenen stärken die Lebenskräfte der Kinder und die Ichhaftigkeit des Erwachsenen wirkt sich wohltuend auf die seelische Entwicklung der Jugendlichen aus.

Nun gibt es mehrere Stufen der Selbsterziehung des Erwachsenen. Die erste Stufe besteht in der Arbeit an sich selbst, zu der man durch das Leben selbst angeleitet wurde. Das Leben ist im Vergleich zur Kindesschule eine „große Schule" und alles, was man durch das Leben er-lebt hat, und vor allem, was man daraus gemacht und gelernt hat, hat einen geformt und insofern auch erzogen. In dieser Weise hat sich jeder Mensch (mal mehr, mal weniger) selbst erzogen und dasjenige, zu dem er sich erzogen hat, ist erzieherisch wirksam. Das kann nach außen durchaus unscheinbar aussehen. Vor vielen Jahren sagte mir meine damalige Kollegin Rodica Paxino einen rätselhaften Satz: „Weißt du, für die Waldorfpädagogik muss man bezahlen. Ich habe bezahlt. Du nicht!" Was meinte sie? Rodica Paxino war als junge Frau in Rumänien für ihre aufrechte Haltung, die sie in Gedichten ausgedrückt hatte, vom Ceausescu-Regime inhaftiert worden. Durch ihre Erfahrungen im Gefängnis verlor sie ihre Stimme. Sie konnte anschließend nur noch sehr, sehr leise sprechen. Aber sie hat im Gefängnis gelernt, was es heißt, aufrecht zu bleiben, wenn man erniedrigt wird. Und dadurch hatte ihre Persönlichkeit bei allem schlichten Auftreten eine ganz wunderbare Wirksamkeit. Manche Schülerinnen und Schüler merkten das nicht gleich und etliche Pubertierende nutzten auch die leise Stimme aus, bevor sie spürten, dass da jemand vor ihnen stand, von dem sie viel mehr lernen konnten als bloß Mathematik oder technisches Zeichnen. Für ihre eigentliche Wirksamkeit konnte sich Rodica Paxino nicht auf ihre Stimme stützen und auch nicht nur auf Prinzipien der Waldorfpädagogik. Ihre entscheidende Wirksamkeit kam – neben ihrer großen fachlichen Kompetenz als Ingenieurin – vor allem aus ihrem aufrechten Sein.

Jedes Kind *will* lernen, so wie es in früher Kindheit gehen lernen *wollte*. Der Impuls dazu kommt von innen. Aber der Impuls wird nur aktiviert, wenn das Kind solche Erwachsene um sich hat, die aufrecht gehen. Das Kind ahmt das aufrechte Gehen nach, weil es dies nachahmen *will*. Das Nachahmen ist die Ur-Form des Lernens. Als basale Form des Lernens bleibt es immer im Hintergrund bestehen, auch wenn weitere Formen des Lernens hinzutreten. Rudolf Steiner hat als spiritueller Forscher die Wurzeln des Lernens durch Nachahmung in der geistigen Welt gefunden: Vor der Geburt lebt der Mensch als rein geistiges Wesen in einer geistigen Welt. Dort ist er eingebettet in hohe geistige Wesenheiten von höchster Weisheit. In sie eingebettet, baut der Mensch seinen künftigen Leib auf. (Aus seiner späteren menschlichen Intelligenz heraus wäre er dazu niemals in der Lage.) Der Mensch macht die Tätigkeiten der kosmischen Weisheit mit. Er ahmt sie nach. Das Nachahmungsprinzip unter *irdischen* Verhältnissen ist ein Nachklang an das Nachahmen in der geistigen Welt. Vor diesem Hintergrund ist das Wissen um das Nachahmungsprinzip der Versuch, in Resonanz mit kosmischen Gesetzmäßigkeiten die Potentiale der Kinder zu entwickeln.
Wer es mit derartigen Angaben aus der Geisteswissenschaft

schwer hat, der kann inzwischen durch die Fortschritte der Hirnforschung erstaunliche Hinweise finden.

1996 entdeckte der italienische Neurophysiologe Rizzolatti die von ihm so genannten „Spiegelneurone“, deren Existenz und Funktion wissenschaftlich sofort anerkannt wurde. Rizzolatti stellte bei seinen Tierversuchen fest, dass es Nerven gab, die sowohl Erregungen zeigen, wenn der Affe eine bestimmte Handlung ausführte (beispielsweise nach dem Futter griff), als auch, wenn er ein anderes Individuum (den Experimentator) bei einer ähnlichen Handlung bloß beobachtete. Diesen Neuronen gab Rizzolatti daher den Namen *Spiegelneurone (neuroni specchio, mirror neurons).* Die Spiegelneuronen reagieren also immer in gleicher Weise, ganz gleich ob der Affe selber eine Handlung *ausführt* oder ob er die Handlung bei anderen lediglich *beobachtet.*

Später wurden die Befunde auch am Menschen bestätigt: Wenn wir einem anderen Menschen beim Sprechen zuhören, sprechen wir selbst unbewusst mit. Genauer: Im Gehirn werden dieselben Nervenmodule aktiviert, die beim eigenen Sprechen aktiviert wären.[22]

Geschieht dieses „Mitsprechen“ oder „Spiegeln“ im Gehirn wiederholt, werden auch hier die entsprechenden Kanäle verstärkt. Für die Pädagogik hat das erhebliche Konsequenzen: Jede Mine, jede Geste, jede Bewegung der Erwachsenen wird vom kleinen Kind nicht nur wahrgenommen, sondern *nachgemacht,* wenn auch teilweise nur im Gehirn, aber im Laufe der Kindheit dann immer mehr auch in ausgeführten Bewegungen der Händchen und Beine, des Kopfes, der Sprachwerkzeuge. Bei dem Erwachsenen drückt sich aber letztlich *jede* seiner seelischen Eigenschaften in seinen Bewegungen, seinen Gesten, seinem Tonfall und in seiner Mimik aus. Jedes

Engagement und Interesse genauso wie jedes Desinteresse. Jede Einstellung des Erwachsenen zu seiner Arbeit genauso wie seine Grundeinstellungen zum Leben oder zu seinen Mitmenschen. Vom Kind wird all das unbewusst wahrgenommen und *nachgemacht.* (Auf physiologischer Ebene in den Spiegel-Neuronen.) Auf diese Weise entstehen neuronale *Prägungen.* (Siehe Kapitel 6)

Vor diesem Hintergrund wird verständlich, wie wichtig es für Steiner war, dass die erwachsenen Erzieher sich vor allem eines klarmachen: Sie sind – gegenüber einem kleinen Kind genauso wie gegenüber einem Jugendlichen – erzieherisch wirksam vor allem durch das, was sie selbst vor dem Kind *tun.* Und dabei ist der Begriff des Ausdrucks „Was man vor dem Kind tut" viel weiter zu fassen: Dazu zählen nicht nur die deutlich sichtbaren Handlungen, sondern auch die feinen Mikro-Handlungen: Jede Geste, jeder Blick, jeder Tonfall. Das aber heißt: Der Erwachsene ist – ob er will oder nicht – allein schon durch das wirksam, was er *ist.* Er ist wirksam durch seinen Charakter, weil dieser sich in Mimik, Gestik und Tonfall ausdrückt.

Beispiel: Fehlende Interesse-Kapazität bei den Schülern führte Steiner nicht ausschließlich, aber eben doch in erheblichem Ausmaß auf fehlendes Interesse der Erwachsenen gegenüber den Kindern und untereinander zurück. Man zeigt mit dem Finger auf die Kinder: „Die haben ja kaum Interesse." Aber man vergisst, dass gleichzeitig drei Finger auf einen selbst zeigen: „Wie sehr befasst ihr Lehrer euch mit *uns* statt mit euch selbst?"

Doch auch das Umgekehrte gilt: *wachsendes* Interesse (in seinen drei Dimensionen der Weite, Tiefe und Ausdauer) auf Seiten der Erwachsenen gegenüber den Kindern wird von den Kindern nachgeahmt. Das heißt: Sie richten ihre Interessekraft auf an der sich aufrichtenden Interessekraft der Erwachsenen. Was für eine Chance! Wer als Erwachsener eine Interesse-Schwäche bei sich identifiziert *und daran arbeitet*, der richtet sich in diesem Punkt seelisch auf. Und genau dieser seelische „Aufrichte-Prozess" ist es, den das Kind oder der Jugendliche nachahmt. Der Erwachsene lebt dann dem Kind vor, was dessen eigenes Projekt ist: sich zu entwickeln. Der Pädagoge wirkt also – so Steiner – nicht nur durch das, was er sich bereits in der Vergangenheit erarbeitet hat, sondern er wirkt auch – und besonders stark – durch das, was er sich aktuell neu erarbeitet. Er darf auf einer *aktuellen* Stufe dem Kind vorleben, was dieses lernen soll. (GA 308, 20)

In vier Sätzen:
Das Kind erzieht sich selbst.
Das Kind richtet *sich selbst* auf – am sich aufrichtenden Erwachsenen.
Das Kind erzieht sich selbst – am sich erziehenden Erwachsenen.
Der Erwachsene erzieht zuerst sich selbst und *dadurch* das Kind.

„Aber lassen Sie sich das zum Schluss sagen: Wenn man in eine Schule hineingeht, die im Sinne dieser Erziehungskunst geführt wird, (...) dann muss es so sein, als ob über der Türe, wo sich die Lehrer für ihre intimsten Beratungen versammeln, die immerdar mahnenden Worte ständen: „Alle Erziehungskunst soll sein

für euch die Erstehung der Forderung eurer eigenen Selbsterziehung. Eure Selbsterziehung, ihr Lehrer, ist der Keim alles desjenigen, was ihr als Erzieher der Kinder wirken könnt. Ja, ihr werdet nichts anderes wirken für die Kinder, als was aus eurer Selbsterziehung hervorgeht.“ (GA 304 a, 145)

8 Warum Kunst?

Und warum wirklich Kunst?

Fünf Jahre nach der Gründung der ersten Waldorfschule wurde Rudolf Steiner von einem Journalisten gefragt, was er jetzt – fünf Jahre später – anders machen würde, wenn er die Schule neu gründen könnte. Steiners Antwort: Das Ruder viel mehr nach der Kunst herumreißen.
Wie ist das zu verstehen? Warum hielt Steiner Kunst für so wichtig, um nicht zu sagen für entscheidend?

Zunächst benenne ich kurz die üblichen Begründungen für Kunst in der Schule. *Erstens*: „Kunst ist ein Ausgleich zu den anstrengenden Hardcore-Fächern." *Zweitens*: „Kunst ist ein gutes Mittel zur Förderung der Kreativität und auch der Intelligenz." *Drittens:* „Kunst ermöglicht die Teilhabe am Kultur-Leben: an Ausstellungen, an Konzerten, an Theateraufführungen." *Viertens:* Kunst kann ein Ventil sein und statt Gefühle zu unterdrücken, diesen kreativen Ausdruck verschaffen.
Alle Aspekte sind berechtigt und Steiner würde ihnen wohl kaum widersprechen. Und doch geht es in der Erziehungskunst Rudolf Steiners um etwas anderes.

Jedes Kind hat einen Körper, den es über die Keimbahn von seinen Eltern und Großeltern genetisch vererbt bekommen hat. Aber das Kind ist eine andere Individualität als seine Eltern. Es ist nicht eine Kopie seiner Eltern. Deshalb passt der vererbte Leib nie ganz zur Individualität des Kindes. Er passt mal mehr, mal weniger gut. Jede Individualität versuche deshalb – so Steiners Beobachtung – die vererbten Bedingungen so zu verändern, dass sie besser zur Individualität passen. Das seien meist nur kleine Veränderungen in den Mikrostrukturen der Organe, aber sie seien durchaus wichtig, denn sie betreffen das funktionale *Zusammenspiel* der Organe.

Man kann das vergleichen mit dem Vermieten einer möblierten Wohnung. Ich habe eine Zeit lang eine Wohnung möbliert vermietet und war der Auffassung, dass sie sehr schön eingerichtet war. Aber jeder, wirklich jeder Mieter hat nach kurzer Zeit die Möbel umgestellt und anders arrangiert. Einer der Mieter kam aus Indien. Er schlief lieber auf dem Boden und räumte mein Naturholzbett komplett weg. Mit anderen Worten: Was für mich passte, passte noch lange nicht für die Mieter. Mit dem eigenen Körper – so Steiner – verhalte es sich ähnlich. Was von den Eltern stammt, passt noch lange nicht für die Individualität des Kindes. Und so wie der Mieter die Wohnung umräumt, so räumt auch jede Individualität den von den Eltern vererbten Körper um. Das Umräumen einer Wohnung geschieht dabei durchaus nach ästhetischen Gesichtspunkten. Jeder Mieter schaut beim Umräumen mehr oder weniger mit einem künstlerischen Blick und fragt sich nicht nur, was für ihn zweckmäßig ist, sondern auch, welches Arrangement so aussieht, dass es ihm gefällt. Auch den eigenen Leib – so Steiner – gestalte die Individualität für sich um wie ein Künstler. Jede Individualität versuche, sich den vererbten Leib passend zu machen wie ein Maler, der an der einen Stelle seines Bildes vom Rot etwas wegnimmt und an einer anderen Stelle das Licht ein wenig verstärkt. In ähnlicher Weise werde das feine Zusammenspiel der Organe vom überbewussten Ich künstlerisch verändert.

Diese aktive Umgestaltung des Leibes vollziehe sich, so Steiner, verstärkt ab der Schulreife. *Vor* der Schulreife werde das Kind durch die Sinneswahrnehmungen *passiv* geprägt. Die Welt vibriert im Kind nach und arbeitet auf diese Weise am Leib. *Nach* der Schulreife will dann die Individualität selbst *aktiv* werden und die Gestaltung des Leibes nicht mehr nur der Welt überlassen, sondern selbst in die Hand nehmen. In diesem Schritt von der passiven Hingabe zur aktiven Gestaltung liegt übrigens eine Grundgesetzmäßigkeit: Auf Hingabe folgt Gestaltungswille. Auf das Beobachten folgt unwillkürlich der Impuls des Selber-machen-wollens. Ein Bildhauer sieht die Gestalten der Menschen (oder der Tiere) und taucht dabei dermaßen tief in die Formen und ihre Kräfte ein, dass er sie selbst gestalten will. Darin besteht gerade die Begabung zum Bildhauer: In die Formkräfte der Welt so stark einzutauchen, dass daraus der Impuls zum Gestalten hervorbricht. Die Individualität des Kindes taucht in den ersten Jahren des Lebens so stark in die Sinneswahrnehmungen ein, die sich auf seinen Leib auswirken, dass daraus überbewusst der Impuls wird, die Gestaltung des Leibes selbst vorzunehmen – wie ein Künstler. Aber dazu – so Steiner – brauche die Individualität die richtige seelisch-geistige *Ernährung*. Sie brauche als Ernährung das Künstlerische, denn sie will als Künstler am vererbten Leib arbeiten. So wie das kleine Kind als Säugling in der Muttermilch alle Nährstoffe erhält, die es benötigt, so brauche die Individualität des Kindes von der Schulreife an eine „seelisch-geistige Milch", die alles enthält. Das Kind will den „bereits von den Eltern möblierten" Leib umgestalten und sein stiller Ruf an die Lehrerin oder den Lehrer klingt so: „Bitte gib mir alles, was du mir geben willst, in der Form der Kunst. Lass uns von Künstler zu Künstler sprechen. Ich brauche das für meine wichtigste Arbeit: die Umgestaltung meines Leibes, damit der vererbte Leib besser für mich passt. Gib mir bitte solche seelisch-geistige Ernährung, durch die ich als gestaltender Künstler gestärkt werde. Tust du das nicht, so ist meine seelisch-geistige Ernährung ungeeignet für meine Hauptaufgabe und ich kann dann diese Aufgabe nicht so bewältigen, wie ich es eigentlich will."

Das aber heißt: Kunst ist nicht etwa bloß eine nette Zugabe zur Pädagogik, gleichsam der Nachtisch zum Hauptgericht, sondern *das* entscheidende seelisch-geistige Nahrungsmittel in der Grundschulzeit schlechthin. Dem Künstlerischen in der Schule ein Aschenputtel-Dasein zubilligen, das kann man nur, wenn man von der Bedeutung der Kunst für die Entwicklung der Individualität nichts weiß. Man verhält sich wie jemand, der in das Cockpit eines Airbus 350 kommt, all die Instrumente sieht, nicht weiß, was sie bedeuten, sie deshalb herausreißt – und dann fliegen will. In ähnlicher Weise kommt man als Intellektueller in die Waldorfschule, sieht in der Unter- und Mittelstufe die zahlreichen künstlerischen Tätigkeiten der Kinder, vom Singen bis zum Rezitieren, von den Fingerspielen und dem Flötespielen bis zu den Wasserfarbenbildern, von den Tafelmalereien der Lehrerin bis zu den von den Kindern plastizierten Tonbuchstaben, von den abwechselnd andachtsvollen und heiteren Geschichten, die die Lehrerin erzählt, --- und weiß nicht, was das alles soll. Es soll viel. Es soll dem Kind helfen, seinen Leib sich selbst passend zu machen, damit das Kind als Erwachsener seine eigene Mission nicht nur finden, sondern auch umsetzen kann. Denn ein Mensch, der in seinem Leib kein passendes Instrument für seine Ziele hat, der hat es schwerer, seine Ziele zu verwirklichen. In einem Vergleich gesprochen: Der Leib verhält sich zur Individualität wie ein Instrument zum Musiker. Wenn eine Geigerin eine eher kleine Hand hat und wenn die Mensur des Griffbrettes ihrer Geige auch nur ein wenig zu groß ist, wird sich die Künstlerin dadurch immer eingeschränkt fühlen. Das Instrument mag noch so gut sein, es passt nicht perfekt zu ihrer Hand. Beim Instrument des Leibes ist das nicht viel anders: Passen die Organverhältnisse nicht in der Weise zusammen, wie man sie braucht, kann auch die Individualität aus eigener Kraft nur eingeschränkt das entfalten, was sie in sich trägt.

Steiner hat aus dem von ihm erforschten anthropologischen Sachverhalt die Konsequenzen gezogen: Möglichst *alles*, was in der Schule passiert, sollte in diesem Alter (von der Einschulung bis zur Pubertät) aus dem Geiste der Kunst erfolgen. Das heißt: nicht nur *viel* Kunstunterricht, sondern alles *aus* künstlerischem Geist. Auch Grammatik. Auch Mathematik. Das ist eine enorme Herausforderung für den Lehrer. Ich gebe nur ein kleines Beispiel aus dem Grammatikunterricht. (Die Grammatik zählte im Mittelalter übrigens zu den „sieben freien Künsten". Grammatik war nicht trockene Strukturbeschreibung wie in der generativen Transformationsgrammatik, sondern Kunst.) Das fängt mit der Grund-Stimmung an: Geben Sie den Grammatik-Unterricht „anmutig", riet Steiner den Lehrern. Wie bitte? Ja, schon die Art und Weise, wie wir Lehrerinnen und Lehrer über Grammatik zu den Kindern sprechen, kann pedantisch sein oder eben leicht und „anmutig" – wie ein anmutiges Tanzen. Du lieber Himmel, wie soll ich das schaffen? Meiner Erfahrung nach gelingt es umso eher, je mehr ich den *Ausdruck* der grammatischen Formen erleben kann. Steiner: „Man kann das natürlich in der verschiedensten Weise erreichen. Man lässt den Hauptsatz einen großen Kreis sein, den Relativsatz einen kleinen Kreis, der vielleicht exzentrisch steht, und man lässt den Bedingungssatz, den Wenn-Satz, so anschaulich werden, dass man etwas – sagen wir als Strahlen – gegen den Kreis heranführt als die bedingenden Faktoren." Und ganz grundsätzlich galt Steiners Rat: „Das (echte) Können zwischen dem 7. und dem 14. Jahr wird nur erreicht, wenn man alles zum Bilde bringt." Und seine Bitte: „Auf das Bild hinarbeiten! Wenn man die Bilder nicht bringt, was entgeht der Seele nicht alles! Keine Stunde sollte vergehen, ohne dass das Kind etwas Bildhaftes erlebt." Ungezählte Waldorflehrer haben das versucht. Einige von ihnen, wie z.B. Johannes Geyer oder Erika Dühnfort, haben ihre Versuche veröffentlicht.[23]

Ein Außenstehender mag so etwas belächeln oder sogar verspotten. Aber er täuscht sich. Denn selbst wenn man später in der 13. Klasse die staatlich vorgegebenen Leistungskriterien ansetzt, führt das künstlerische Fundament zu besseren Ergebnissen: Ich habe in meiner Zeit als Oberstufenlehrer den künstlerischen Umgang mit der Grammatik aufgreifen dürfen. Wir haben zum Beispiel bei unseren Übungen zum Theaterspielen die Satzbau-Formen der Texte nicht nur gemalt, sondern *getanzt*. Und auf der anderen Seite konnten wir auf der Grundlage einer derart künstlerisch erlebten Grammatik erstaunliche Analyse-Ergebnisse erzielen.[24] Aber das alles ist kein Selbstzweck. Es dient der Selbstfindung. Und vor allem: Es dient der Selbstgestaltung des eigenen Körpers. Steiner: „Sprachen ohne Grammatik lehren – das ließe den Menschen nur zum Bewusstsein, nicht zum Selbstbewusst-

sein kommen." Und man könnte ergänzen: „Grammatik bloß intellektuell und nicht aus künstlerischem Geist heraus unterrichten, ließe die Seele, die den Leib umarbeiten will, unterernährt sein."[25]
Vor diesem Hintergrund wird es – meinem Verständnis nach – eine der vorrangigen Aufgaben der Waldorfpädagogik im 21. Jahrhundert sein: Das Ruder viel mehr nach dem Künstlerischen herumzuwerfen.[26] Das versteht sich von selbst, wenn man weiß, „Warum Kunst" und vor allem, „Warum wirklich Kunst".

9 Erziehung zur Selbständigkeit

Zwei Hinweise Steiners

Es ist eine klassische Frage: Wie entwickelt man die Selbständigkeit der Kinder? Was stärkt ihre Individualität? Die Antwort ist auch hier die gleiche: Erst Menschenerkenntnis – dann pädagogische Maßnahmen. Ich benenne nur zwei Hinweise, die Steiner diesbezüglich gegeben hat:

Hinweis 1:

Steiner hielt es nicht für nötig, das einzelne Kind individuell – wie er sagte – „zu bearbeiten". Er sah in derart gut gemeintem „Bearbeiten" ein latentes „Erzwingen-Wollen" eines Interesses oder einer Selbständigkeit (oder anderer erwünschter Verhaltensweisen). Und gerade dadurch führe das gezielte „Bearbeiten" gerade nicht zu einer echten Individualisierung. Echte Selbständigkeit kann immer nur von innen kommen. Alles andere ist ein Widerspruch in sich. Das Kind sollte aus eigenem Antrieb Interesse entwickeln und aus eigenem Antrieb selbständig etwas machen wollen (und nicht ein „zum Jagen getragener Hund" sein) und das alles könne es – Steiners Erfahrung zufolge – am besten, wenn sich das Interesse des Kindes am Interesse der Lehrerin oder des Lehrers aufrichte – und die Selbständigkeit des Kindes an der Selbständigkeit des Lehrers.[27]

„Man kann natürlich einwenden, solch ein lebensvolles Erziehen und Unterrichten scheitere an Schulklassen mit großer Schülerzahl.

Innerhalb gewisser Grenzen ist dieser Einwand gewiss berechtigt; wer ihn über diese Grenzen hinaus macht, der beweist aber dadurch nur, dass er von dem Gesichtspunkte einer abstrakten Norm-Pädagogik aus spricht, denn eine auf wahrer Menschenerkenntnis beruhende lebendige Erziehungs- und Unterrichtskunst durchzieht sich mit einer Kraft, die in dem einzelnen Zögling die Anteilnahme erregt, sodass man nicht nötig hat, ihn durch das unmittelbare, „individuelle" Bearbeiten entsprechend bei der Sache zu halten. Man kann, was man im Erziehen und Unterrichten wirkt, so gestalten, dass der Zögling im Aneignen es selbst individuell für sich fasst. Dazu ist nur nötig, dass dasjenige, was der Lehrende tut, genügend stark **lebt**. *Wer den Sinn für echte Menschenerkenntnis hat, dem wird der werdende Mensch in einem solch hohen Maße zu einem von ihm zu lösenden Rätsel, dass er in der versuchten Lösung das Mitleben der Zöglinge weckt. Und ein solches Mitleben ist ersprießlicher als ein individuelles Bearbeiten, das den Zögling nur allzu leicht in Bezug auf echte Selbstbetätigung lähmt."* (GA 24, 87)

Und ganz generell formuliert Steiner eine wichtige Voraussetzung: Die Fähigkeit, das Individuelle überhaupt erkennen zu können:

„Um richtig zu individualisieren, so, wie es befähigt, die besondere Kindesindividualität erzieherisch zu führen, dazu ist nötig, in einer besonderen Geist-Erkenntnis den Blick für das erworben zu haben, was nicht als einzelner Fall (als einzelnes Kind) unter ein allgemeines Gesetz gebracht werden kann, sondern dessen Gesetz erst an diesem Fall anschauend erfasst werden muss. Die hier gemeinte Geist-Erkenntnis führt nicht, nach dem Vorbilde der Naturerkenntnis, zum Vorstellen allgemeiner Ideen, um diese im einzelnen Falle anzuwenden, sondern sie erzieht den Menschen zu einer Seelenver-

fassung, die den einzelnen Fall (das individuelle Kind; V. W.) in seiner Selbständigkeit schauend erlebt." (GA 24, 269)

Hinweis 2

Hinweis 2 liegt auf der gleichen Linie und knüpft an das pädagogische Hauptgesetz an: Je mehr der Lehrer selbst eine Individualität ist, desto mehr erweckt er dadurch als Vorbild die Individualitätsimpulse in den Kindern oder Jugendlichen. Auf Englisch klingt das etwas prägnanter: „The key to individuality is to be an individuality." Steiner wörtlich:

„*Wirkliche Seelenerkenntnis wird sich in dem Gebaren der ganzen Persönlichkeit des Lehrers offenbaren; sie wird jedem seiner Worte, allem seinem Tun das Gepräge geben; und die Kinder werden innerlich aktiv unter seiner Führung werden. Er wird nicht jeden Einzelnen zur Aktivität zu zwingen haben, denn seine allgemeine Haltung wird auf das einzelne Kind wirken.*" (GA 24, 271)

Ich füge ein paar persönliche Beobachtungen an. Ich hatte über viele Jahre hindurch das Glück, mit wunderbaren Kolleginnen und Kollegen arbeiten zu dürfen, die echte und starke Individualitäten waren. Meine Beobachtung: Man konnte das den Klassen, für die sie hauptverantwortlich waren, auch anmerken. Je stärker die Individualität eines Lehrers, desto mehr kann er in dieser Hinsicht ein Vorbild sein, das anregend wirkt. Aber Vorsicht: „Starke Individualität" heißt nicht, dass man ein Macho-Typ oder ein Mini-Diktator sein muss: Laut, dominant, extrovertiert und ständig unter Strom, um zu allem und jedem die eigene Sichtweise auf den Tisch zu legen. So ein Gebaren kaschiert oft nur heimliche Schwächen in den versteckten Schichten der Seele.

Ein weltberühmtes Beispiel dafür, wie die Individualität des Erwachsenen den individuellen Impuls des Kindes weckt, können Sie finden in dem Roman von Harper Lee „Wer die Nachtigall stört" (engl. „To kill a mockingbird"). Es ist ein Roman, mit dem Harper Lee ihrem Vater ein Denkmal setzten wollte. Der Roman spielt im Alabama der 1930er Jahre und erzählt die Geschichte des alleinerziehenden Rechtsanwalts Atticus Finch und seiner Kinder: seines Sohnes Jem und seiner Tochter Scout. Atticus kämpft als Rechtsanwalt den Kampf seines Lebens für einen Schwarzen, der zu Unrecht eines Kapitalverbrechens beschuldigt wird. Aber Atticus ist bei allem Engagement auch sehr besonnen und bescheiden. Der 12-jährige Jem ist aber mit seinem Vater ein bisschen unzufrieden, denn alle anderen Väter spielen mit ihren Söhnen Fußball, nur Atticus nicht. Da helfen auch alle Überredungskünste nicht. Atticus hat für Fußball keinen Sinn und zu Jems Leidwesen ist er auch nicht Feuerwehrmann oder Lokomotivführer, sondern eben nur Rechtsanwalt. Für Jem ist es schmerzlich, keinen so tollen Vater zu haben wie all die anderen Jungs. Eines Tages kommt es zu einer dramatischen Szene. In der Straße, an der Atticus mit seinen Kindern wohnt, torkelt ein augenscheinlich tollwütiger Hund. Der Sheriff kommt, sieht sich die Situation aus genügendem Sicherheitsabstand an, die Flinte in der Hand. Die Kinder werden sofort ins Haus geschickt und schauen gespannt aus dem Fenster zu. Atticus ist noch in der Stadt in seinem Büro. Der Sheriff lässt ihn per Telefon rufen. Atticus eilt herbei, beide beurteilen die Lage und sind sich einig, dass leider nichts übrigbleibt, als den tollwütigen Hund zu erschießen. Der Sheriff gibt dann Atticus sein Gewehr und bittet ihn, zu schießen. „Mach' du's, Atticus." Atticus lehnt das ab, nimmt dann aber schließlich doch das Gewehr, legt an, schießt und trifft perfekt mit einem einzigen Schuss. Der Hund muss nicht leiden, sondern ist sofort tot. Die Gefahr ist gebannt. Jem hat das alles aus dem Fenster beobachtet, aber er kann kaum glauben, was er da gesehen hat. Etwas später erfährt Jem von einer Nachbarin Erstaunliches: „Ja wusstest du denn nicht, dass dein Vater als junger Mann der beste Schütze in der ganzen Stadt war, aber seit er Rechtsanwalt ist, nie mehr geschossen hat?" Und da wird Jem etwas klar. Er erkennt, dass sein Vater absolut bescheiden ist und nie damit geprahlt hat, wie gut er als Schütze war. Und das beeindruckt den Jungen jetzt mehr als alles andere. Jem ist überglücklich, so einen Vater zu haben. Wenig später jubelt er im Hof hinter dem Haus seine Freude in einem einzigen Satz in die Luft: „Mein Vater ist ein Gentleman, wie ich."

Man schmunzelt unwillkürlich über Jem, wenn man diesen Satz liest, denn Jem ist noch weit davon entfernt ein Gentleman zu sein. Aber man schmunzelt nicht nur deshalb. Der Junge bewundert die Bescheidenheit seines Vaters und er fühlt, dass er auch so bescheiden sein möchte wie sein Vater. Aber dieses Ideal der Bescheidenheit wird von Jem so stark in der eigenen Seele erlebt, dass es sich *so anfühlt*, als ob es schon Realität wäre. Und deshalb glaubt er ein bisschen voreilig, dass er schon ein so bescheidener Gentleman sei wie sein Vater.

„Kunst zeigt nicht das Sichtbare, Kunst macht sichtbar", sagte Paul Klee. Auf knappstem Raum macht Harper Lee sichtbar, wie ein Junge ein Vorbild bewundern *will* und wie stark ein

dann tatsächlich gefundenes Vorbild als Ideal in der Seele erlebt werden kann, nämlich so stark, dass man sich mit ihm identifiziert.
Atticus ist eine starke Individualität und gerade dadurch weckt er die entsprechenden Impulse bei seinem Sohn. Und so kann man an Atticus die Richtigkeit der beiden Sätze wunderbar beobachten: Der Erwachsene erzieht zuerst sich selbst und dadurch das Kind. Und: The Key to Individuality is to be an Individuality. Atticus wirkt nicht durch Belehrung, er wirkt durch sein Sein.

Vor diesem Hintergrund konnte ich in der Praxis drei verschiedene Kategorien individueller Impulse bei Kindern beobachten:

Kategorie 1

Der 9-jährige H. fing an, sich mit den Sternen zu beschäftigen. Er las Bücher über Bücher. Dann wünschte er sich ein Fernrohr. Als er es erhielt, nutzte er jeden sternklaren Abend um zu beobachten. Jahrelang. Irgendwann konnte er auch bei Tage angeben, wo gerade welcher Stern am Himmel steht.

Der 10-jährige G. liebte die Vögel. Bald kannte er alle heimischen Arten. Wochenende für Wochenende fuhr er in die nahegelegene Bruchlandschaft und beobachtete.

N. war als Teenager ein Tüftler. Er interessierte sich für Physik. Im Keller hatte er sich irgendwann eine Nebelkammer gebaut, mit der man die Spur des Atomkerns sichtbar machen konnte.

V. fing Feuer, als in der Schule ein Stück von Samuel Beckett gelesen wurde. Er trommelte Freunde zusammen, mit denen er es einstudierte und aufführte.

Bemerkenswert war für mich als Beobachter, dass diese Kinder, die sich zunächst auf einem bestimmten Gebiet wirklich selbständig auf den Weg gemacht hatten, damit ein Fundament besaßen, auf dem sie später als Erwachsene auf ganz anderen Gebieten selbständig bauen konnten.

Was alle Fälle der ersten Kategorie miteinander verbindet: Die Selbständigkeit kam von innen. Sie ist nicht gezielt angeregt worden. Sie wurde auch nicht erwartet. Sie trat einfach auf. Das einzige, was es in allen benannten Fällen gab: Selbständige Eltern, wenn auch auf völlig anderen Gebieten. Diese Form von Selbständigkeit ist die stärkste Form, die ich beobachten konnte, denn es gab nicht einmal ein unmittelbares Vorbild wie im Fall von Atticus Finch. Ich nenne das ein „Aufrichten aus sich selbst heraus".

Kategorie 2

Es gibt eine Selbständigkeit, die durch ein Vorbild angeregt ist. Der Vater ist zum Beispiel hervorragender Naturwissenschaftler. Auf eines der Kinder springt der Funke über. Aber das Kind sucht sich ein Gebiet, das der Vater nicht beackert hat.

Schließlich konnte ich noch eine Selbständigkeit beobachten, die sich am Protest gegen Missstände entzündete: Der Lehrer qualifiziert eine Bemerkung eines Schülers ab. Alle lachen. Der Schüler aber merkt, dass der Lehrer in Wirklichkeit das, worum es ging, nicht verstanden hat. Dem Schüler wird ganz klar: Der Lehrer hat keine Ahnung. Aus Protest schreibt der Schüler eine umfassende Arbeit, in der er den Sachverhalt Schritt für Schritt darlegt und das Unverständnis des Lehrers enthüllt.

Vor diesem Hintergrund kann man überdenken, was es mit *eingeforderter* Selbständigkeit auf sich hat. Auf mich wirkt das immer wieder wie ein hölzernes Eisen. Erzwungene Selbständigkeit scheint mir ein Widerspruch in sich zu sein. Ein „Widerspruch in sich" deshalb, weil die Schülerinnen und Schüler die eingeforderte Arbeit *von sich aus* nicht unternommen hätten. Das kleine Kind *will* gehen lernen. Ein Rollator für ein kleines Kind ist Unfug. Man muss das Gehen vorleben. Das genügt. In gleicher Weise ist die Selbständigkeit vorzuleben. Das genügt. Und: Es ist der entscheidende Punkt. Aber all die „Laufwägelchen" zur Selbständigkeit? Macht man sich da nicht etwas vor, statt etwas vorzuleben? Spielt da nicht Ungeduld eine zu große Rolle? Franz Kafka schrieb einmal:

„Es gibt zwei menschliche Hauptsünden, aus welchen sich alle andern ableiten: Ungeduld und Lässigkeit. Wegen der Ungeduld sind sie aus dem Paradiese vertrieben worden, wegen der Lässigkeit kehren sie nicht zurück. Vielleicht aber gibt es nur eine Hauptsünde: die

Ungeduld. Wegen der Ungeduld sind sie vertrieben worden, wegen der Ungeduld kehren sie nicht zurück."

Ich habe so viele ehemalige Schülerinnen und Schüler getroffen, die während der Schulzeit noch wenig von Selbständigkeit gezeigt haben. Ihre Selbständigkeit ruhte noch in einer Knospe. Sie entfaltete sich erst nach der Schulzeit. Aber es war wichtig, die Knospe zu *sehen* und in Ruhe zu lassen, aber den Baum zu pflegen. Knospen-Frevel ist nicht gut.

Deshalb noch einmal Rudolf Steiner zu dem, was Waldorf wirklich will:

„*Wer niemals in seiner Umgebung solche Menschen gehabt hat, denen er sich so weit hingeben kann, dass er sie nachahmen kann, dass er in sich selber aufnimmt, was sie tun, der wird nicht vorbereitet für ein demokratisches Leben, der wird niemals fähig werden zum Genusse der Freiheit im Leben. Das ist das, was als Zusammenhang des Lebens betrachtet werden muss. Man muss sich (...) nur klar darüber sein, dass Blüte und Frucht von dem, was ins Menschenleben hineingesät worden ist, eben manchmal viel später auftreten, als man meint.*" (GA 330, 307)

10 „Born to change the world“

Waldorf und die Dreigliederung des sozialen Organismus

„Keep calm and change the world” ist ein Slogan, der auf einigen Waldorf-100 T-Shirts und Pullovern aufgedruckt ist. Das ist nicht falsch, denn die Welt zu verändern gehört tatsächlich zu dem, „was Waldorf wirklich will“. Die Frage ist, wie das 1919 gemeint war und in welchem Sinne es heute noch gemeint sein kann. Zunächst ein paar Worte zu 1919 und danach zur heutigen Situation.

1919 versuchte Steiner mit seinen Mitarbeitern, in die gesellschaftspolitischen Verhältnisse einzugreifen. Der erste Ansatz bestand im Einsatz für eine Dreigliederung des sozialen Organismus. Es ging um eine gesündere Gestaltung der Wirtschaft, der Politik und des Bildungssystems; und es ging vor allem um eine gesündere Gestaltung der Wechselverhältnisse zwischen den benannten drei Bereichen. Es ging also um „den ganz großen Wurf“. Aber die Dreigliederungsbewegung scheiterte. Sie scheiterte trotz einer beträchtlichen öffentlichen Unterstützung durch namhafte und einflussreiche Menschen. Daraufhin wurde die Strategie geändert. Da der große Wurf nicht gelang, könne man, so Steiner, nur noch versuchen, wirtschaftliche Musterbetriebe zu schaffen, die auf neue Art und Weise zusammenarbeiten, nämlich weder im Sinne einer kommunistischen Planwirtschaft, noch im Sinne einer westlichen Marktwirtschaft, sondern im Sinne einer neuen ökologischen „Bedarfswirtschaft“ („Requirement Economy“ Siehe dazu Kapitel 11) und einer neuartigen „Verabredungswirtschaft“ („Associate Economy“). Diese Musterbetriebe und ihre „Assoziationen“ wurden durch die hemmungslose „Hyperinflation“ im Jahr 1923 hinweggefegt. Damit war auch der zweite Ansatz gescheitert. Es blieb eine einzige Einrichtung übrig: Die Waldorfschule. Auch sie sollte – unter gesellschaftspolitischem Aspekt – eine Musterrolle übernehmen: Die Waldorfschule sollte beweisen, dass es viel besser für die Kinder ist, wenn eine Schule nicht vom Staat gelenkt wird, sondern wenn eine Schule rein aus Menschenerkenntnis arbeiten darf. Die Überlegung war: *Wenn* die Waldorfschule als Musterschule unter Beweis stellen würde, welche Vorteile es hat, die Pädagogik nicht nach staatlichen Vorgaben auszurichten, sondern nur nach menschenkundlichen Erkenntnissen, dann wäre dieser Beweis (vielleicht) der Türöffner für den nächsten Schritt, nämlich grundsätzlich *alle* Schulen der Welt dem Einfluss der Politik und der Wirtschaft zu entziehen. Mit anderen Worten: Die erste Waldorfschule war der letzte Pfeil im Köcher, um doch noch eine der wichtigsten gesellschaftlichen Weichen neu zu stellen. „Born to change the world” – darum ging es tatsächlich bei der Waldorfschule. Am 20. August 1919, dem Vorabend des sogenannten Begründungskurses sprach Steiner dies vor den designierten Lehrerinnen und Lehrern nachdrücklich aus:

„Die Möglichkeit der Waldorfschule muss dabei ausgenützt werden, um reformierend, revolutionierend im Schulwesen zu wirken. Das Gelingen dieser Kulturtat ist in Ihre Hand gegeben. Viel ist damit in Ihre Hand gegeben, um, ein Muster aufstellend, mitzuwirken. Viel hängt davon ab, dass diese Tat gelingt. Die Waldorfschule wird ein praktischer Beweis sein für die Durchschlagskraft der anthroposophischen Weltorientierung. Sie wird eine Einheitsschule sein in dem

Sinne, dass sie lediglich darauf Rücksicht nimmt, so zu erziehen und zu unterrichten, wie es der Mensch, wie es die menschliche Gesamtwesenheit erfordert. Alles müssen wir in den Dienst dieses Zieles stellen."(GA 300a, 61)

Aber auch der dritte, völlig „abgespeckte" Versuch scheiterte in einem bestimmten Sinn: Die Waldorfschule konnte zwar zeigen, dass sie erfolgreich war, aber der entscheidende Erfolg blieb ihr verwehrt. Es gelang nicht, die Welt davon zu überzeugen, *alle* Schulen von wirtschaftlichen und staatlichen Vorgaben zu befreien.[28] Steiner äußerte diesbezüglich eine düstere Einschätzung: Wenn es nicht gelänge, *das gesamte Bildungssystem* der Vormundschaft des Staates zu entziehen, dann wäre die Waldorfschule auf Dauer „für die Katz":

„Wenn diejenigen, die schwärmen für die Ideen der Waldorfschule, (...) nicht auch den Mut dazu bekommen, die Loslösung der Schule vom Staat anzustreben, dann ist die ganze Waldorfschulbewegung für die Katz, denn sie hat nur einen Sinn, wenn sie hineinwächst in ein freies Geistesleben." „Denn nicht darauf kann es ankommen, innerhalb des gegenwärtigen Systems Schulen zu gründen, indem (...) man einfach glaubt, den Kurs befolgen zu können, den ich angegeben habe, sondern darauf kommt es an, dass man das Prinzip verfolgt auf diesem Gebiet: Freiheit im Geistesleben. Dann ist mit einer solchen Schule (wie der Stuttgarter Waldorfschule, V. W.) ein Anfang der Dreigliederung gemacht." (GA 337b, 248)

„Für die Katz"? Wirklich? Wie meinte Steiner das? Ich halte es für sehr, sehr wichtig, darüber nicht einfach hinweg zu gehen, sondern das zu klären.

Nach der Katastrophe des ersten Weltkriegs prognostizierte Steiner, dass auf Dauer alles noch viel schlimmer kommen würde, wenn man nicht den Mut zu einer fundamental neuen Gesellschaftsordnung finden würde. *Halbe* Revolutionen führen zu *ganzen* Katastrophen. Steiner sollte damit Recht behalten. Aber 1919 tat er zunächst alles, was in seinen Kräften stand, um die Bevölkerung und maßgebliche Menschen in Führungspositionen davon zu überzeugen, dass man aus den Fehlern der Vergangenheit nicht nur oberflächlich lernen müsse, sondern dass vieles *grundlegend* zu ändern sei.

Ich kann Ihnen jetzt keine ausführliche Darstellung all der Änderungen geben, die Steiner damals unter dem Titel „Dreigliederung des sozialen Organismus" vorgeschlagen hat. Aber damit Sie wenigstens einen flüchtigen Eindruck davon bekommen, gebe ich zwei Hinweise.

Hinweis Nr. 1: Steiner hatte beobachtet, dass etliche große Konzerne einen dermaßen massiven Einfluss auf die Politik und insbesondere die Gesetzgebung bekommen, dass diese Konzerne im Grunde die Gesetze selbst schreiben und die Politik in einem Maße beeinflussen, das sich fatal auswirkt. Wirtschaftliche Interessen entschieden schon damals zum Beispiel über Krieg und Frieden. Und sie tun das heute genauso.[29] Eine Demokratie werde aber – so Steiner – völlig untergraben, wenn die Wirtschaftskonzerne die Politik vor sich hertreiben. Heute ist das aktueller denn je. Es genügen wenige Beispiele.

In den letzten Jahren wurden in den USA etliche Gesetze entweder gelockert oder ganz annulliert.

- Bestimmungen zum Umwelt-, Natur- und Tierschutz
- Gesetze zur Arbeitssicherheit
- Gesetze zur Waffenkontrolle
- Bestimmungen zum Kfz-Kraftstoffverbrauch
- Verordnungen für Pestizide wurden gestrichen
- Einschränkungen von Ölbohrungen und Fracking wurden aufgehoben

Und warum? Es ist immer das gleiche Muster. Die Industrie macht Druck. „Wenn diese und andere Bestimmungen nicht gelockert oder ganz aufgehoben werden, dann werden unsere Firmen weniger Gewinn machen und dann müssten wir Arbeiter entlassen und das will doch niemand oder?“[30]
Über 6000 Vertreter der Wirtschaft, sogenannte Lobbyisten, arbeiten allein im Bundestag in Berlin. In Brüssel sind es ca. 25 000. Etwa 70 Prozent von ihnen arbeiten für Unternehmen und Wirtschaftsverbände. Sie genießen privilegierte Zugänge zu den Kommissaren und sie überhäufen die Abgeordneten mit ihren Änderungsanträgen für Gesetzesvorlagen.
Wer sie sind, an welchen Projekten sie arbeiten, mit wieviel Geld und in wessen Auftrag sie arbeiten, all das bleibt der Öffentlichkeit meist verborgen. Und diese Intransparenz ist das Problem, das eine echte Demokratie untergräbt. (Die CDU/CSU hat zum Beispiel 700 Lobbyisten Hausausweise für den Bundestag verschafft und sich lange geweigert, die Namen der Leute herauszurücken.) Dabei ist in einer Demokratie die Öffentlichkeit der *Souverän.* Sobald aber der Souverän nicht umfassend informiert ist, kann er nicht mehr gut entscheiden.[31] Zurückgehaltene Information limitiert sofort die Entscheidungsfreiheit. Wenn der Souverän keinen Zugang zu

den Informationen hat, ist es ein Witz, noch von Demokratie zu sprechen. Und wenn die Parlamentarier als Vertreter des Souveräns auf *intransparente* Weise beeinflusst werden können, ist das ein elend schlechter Witz. Steiner wollte so etwas grundsätzlich verhindern und wir stünden heute an einem ganz anderen Punkt, wenn sein enormer Einsatz für eine Entflechtung von Wirtschaft und Politik 1919 umgesetzt worden wäre. Ein Staat, in dem zum Beispiel die Umweltgesetze von Wirtschaftsinteressen geleitet werden, ist ein erkrankter Staat, der krank macht. Buchstäblich.

Wie man heute solche politischen Entscheidungen treffen kann, die nicht einseitig von der Wirtschaft diktiert sind, dazu gibt es faszinierende Ansätze. Faszinierend deshalb, weil sie nicht bloß Theorie sind, sondern erfolgreich erprobt. Ich verweise hier nur auf das Buch „Gegen Wahlen. Warum Abstimmen nicht demokratisch ist" von David Van Reybrouck, ohne im Detail darauf einzugehen, so spannend das auch wäre.[32]

Hinweis 2: Für noch wichtiger hielt es Steiner, dass weder die Wirtschaft noch die Politik irgendeinen Einfluss auf das Bildungssystem nehmen. De facto ist das Gegenteil der Fall. De facto ist das gesamte staatliche Schulsystem nach Vorgaben aus der Wirtschaft und der Politik gestaltet. Sehr verehrte Anwesende, dieser Punkt ist extrem wichtig zum Verständnis dessen, was Waldorf wirklich will und 1919 wollte. Aber meist löst diese Behauptung nur unverständiges Kopfschütteln oder gleichgültiges Achselzucken aus. Warum soll das so immens wichtig sein, die Schulen von staatlichen und wirtschaftlichen Einflüssen abzuschirmen? Ist das wirklich so wichtig? Meine Antwort: Es ist nicht nur wichtig, sondern es ist entscheidend. Aber das ist zu erklären.

Die Wurzeln des staatlichen Schulsystems

Von Natur aus nehmen wir Menschen die öffentlichen Schulsysteme – ganz gleich in welchem Land der Welt – als etwas Selbstverständliches und gleichsam Naturgegebenes hin. Aber genau das sind die Schulsysteme nicht. Sie wurden von Menschen gemacht und ihre Ausrichtung verfolgt einen ganz bestimmten *Zweck*. Über diesen Zweck und seine Folgen wird jedoch nur selten gründlich genug nachgedacht. Er wird nicht diskutiert. Der Zweck der öffentlichen Schulsysteme liegt gleichsam wie in einem blinden Fleck der Diskussion. Was ist dieser Zweck?

Der schon mehrfach genannte Erziehungswissenschaftler Sir Ken Robinson hat in einem weltberühmt gewordenen Vortrag darauf hingewiesen, dass es vor dem 19. Jahrhundert nirgendwo auf der Welt öffentliche Schulsysteme unter *staatlicher* Leitung gab. Es gab wohl öffentliche Schulen, aber nicht in der Hand des Staates. Erst in der Zeit der Hochindustrialisierung habe sich der Staat der Schulen angenommen. Warum tat er das? Beim Wandel der Agrargesellschaften in Industriegesellschaften – so Ken Robinson – wurden massenhaft Ingenieure, Techniker, Wissenschaftler gebraucht und der Staat nahm das Schulsystem unter seine Fittiche, um genau das sicherzustellen. Die Wirtschaft der Industriegesellschaft brauchte genügend viele Wissenschaftler, Techniker, Ingenieure und der Staat versprach, sich darum zu kümmern und die Schulen so zu einzurichten, dass am Ende ausreichend viele Schüler in der Lage waren, Wissenschaftler oder

Techniker oder Ingenieur zu werden. Das Bildungssystem wurde deshalb so eingerichtet, dass vor allem die logisch-mathematisch-wissenschaftlich-sprachliche Intelligenz gefördert wurde, denn diese Intelligenzform wurde gebraucht. Plakativ zugespitzt formuliert hieß (und heißt) die Hauptaufgabe deshalb:

Wie kommt die logisch-naturwissenschaftliche Erwachsenen-Intelligenz im Laufe von 9 bis 12 Schuljahren in die Kindergehirne, sodass genügend viele Kinder später Wissenschaftler oder Techniker werden können?

Das war – so Ken Robinson – der Hauptzweck des Systems. Man hielt und hält das immer noch vielerorts für unproblematisch. Man glaubt heute, dass man durch diese Ausrichtung des staatlichen Schulsystems den Kindern die besten Chancen für das Leben in einer digitalisierten und roboterisierten Welt bietet. Was also soll daran schlimm sein?

Tatsächlich aber ist die Sachlage vielschichtig und tückisch. Auf der einen Seite haben die staatlichen Schulen – gemessen am vorgegebenen Ziel – wirklich gut funktioniert und ihre Aufgabe gelöst: Sie haben nicht nur die Alphabetisierung und den allgemeinen Bildungsstand enorm vorangetrieben, sie haben tatsächlich genügend viele Ingenieure, Techniker und Wissenschaftler hervorgebracht. Allein in Deutschland sind zwischen 1,2 und 1,5 Millionen Ingenieure tätig. (Die Techniker und Wissenschaftler nicht gezählt.) Diesem Sachverhalt verdanken wir unseren hohen technischen Lebensstandard. Diesem Sachverhalt verdanken auch die Entwicklungs- und Schwellenländer ihren beträchtlichen technologischen Fortschritt, auf den der schwedische Mediziner und

Entwicklungshelfer *Hans Rosling* (1948–2017) unermüdlich hingewiesen hat.[33] Auch das vorliegende Buch hätte ohne die akkumulierten Erkenntnisse und Fähigkeiten der Wissenschaftler, Techniker und Ingenieure so nicht veröffentlicht werden können, denn es gäbe weder die Hochleistungsdruckmaschinen, mit denen das Buch gedruckt wurde, noch den PC, auf dem es geschrieben wurde und ebensowenig die Lastwagen für die Distribution. Die bildungspolitische Rechnung ging also auf. Die öffentlichen Schulsysteme haben, gemessen an ihrer Zielsetzung, einen enormen Erfolg zu verzeichnen. Dem gebührt nicht nur Respekt, sondern vor allem Dankbarkeit.
Auf der anderen Seite stehen die Nebenwirkungen und schließlich steht auf der anderen Seite sogar ein erschütternder, aber versteckter Preis. Zunächst zu den Nebenwirkungen und dann zum Preis.

Die Nebenwirkungen

Sir Ken Robinson hat die Schattenseiten der staatlichen Schulsysteme benannt. Seine Kritik richtet sich auf zwei Hauptpunkte:

Erstens: Die öffentlichen Schulsysteme adressieren – so Ken Robinson – nur eine einzige Form von Intelligenz, nämlich die logisch-mathematisch-naturwissenschaftlich-sprachliche Intelligenz.
Der britische Erziehungswissenschaftler verweist darauf, dass das extrem einseitig sei. Denn aus der Intelligenzforschung wisse man längst, dass es noch ganz andere Formen von Intelligenz gibt:

- *Bewegungsintelligenz*
  Manche Kinder werden als Bewegungsmenschen geboren, zum Beispiel als Tänzer. Sie müssen sich bewegen, um sich gut zu entwickeln.
- *Künstlerische Intelligenz*
  In einer Bach-Fuge oder in einer Beethoven-Sinfonie steckt ein unvorstellbar großes Maß an Intelligenz. Aber es ist künstlerische Intelligenz.
- *Soziale Intelligenz*
  Es gibt Kinder, die eine geradezu atemberaubende Intelligenz haben, die es ihnen ermöglicht, anderen Menschen hochgradig effizient zu helfen.

Ken Robinson kritisiert also, dass die staatlichen Schulsysteme mehreren Intelligenzformen nicht gerecht werden. Durch die einseitige Ausrichtung des Systems würden weltweit Millionen von Kindern nicht in ihrem Element schwimmen können. Sie gehen in einem System zur Schule, das für sie unpassend ist. Im günstigen Fall überleben sie das System, im ungünstigen Fall leiden sie und werden an der Entfaltung ihres Potentials gehindert. Auf Dauer könne sich keine Gesellschaft der Welt dies leisten.

Zweitens wirft Ken Robinson den staatlichen Schulsystemen der Welt vor, dass sie die Kreativität der Kinder nicht fördern, sondern behindern. Die meisten Kinder besäßen als Kind eine unerschöpfliche Kreativität. Nach 12 Jahren Schule und nach ungezähltem *Lernen für Tests* und dem Abgeben von Wissen unter Druck sei am Ende von der Kreativität der Kindheit viel zu wenig übriggeblieben. Ken Robinson:

„We don't educate into creativity, we educate out of it."

So weit Ken Robinson mit seiner Kritik an den öffentlichen Schulsystemen der Welt. Sie scheint einen Nerv des Unbehagens getroffen zu haben: sein Vortrag wurde im Internet allein auf der Plattform www. Ted/talks mehr als 60 Millionen Mal angeklickt.

Der Preis

Neben der von Sir Ken Robinson angeführten Kritik gibt es allerdings einen weiteren und viel problematischeren Sachverhalt, der kaum je reflektiert wird: Als die Wirtschaft ihre Vorgaben an das Schulsystem stellte („wir brauchen Nachwuchskräfte mit diesen und jenen Fähigkeiten") und als der Staat das Schulsystem entsprechend einrichtete, übersah man im Eifer etwas ganz Entscheidendes, obwohl es auf der Hand liegt: Man macht die Kinder auf diese Weise zu einer Art „Human Ressource", zu einem menschlichen Rohstoff, der in der Schule wie in einer Wertschöpfungskette weiterverarbeitet wird. Das Hoch-Problematische an diesem Vorgehen wurde jedoch ausgeblendet: Die Kinder werden in der Konsequenz *als Mittel zu einem Zweck* behandelt. (Sie werden zu Objekten gemacht.) Der Zweck sind die Nachwuchskräfte in Wissenschaft und Industrie, das Mittel sind die Kinder. Das gravierende Problem: Der Mensch sollte eigentlich nie als Mittel zu einem Zweck behandelt werden. Und „nie" heißt wirklich „nie", so wie „Nein" „Nein" heißt. Denn: Einen Menschen als Mittel für Zwecke zu benutzen, verstößt gegen die Würde des Menschen. Immer. Daran gibt es nichts zu rütteln. Diese Einsicht war eine der großen Errungenschaften der europäischen Aufklärung. Aber als ob es Rousseau und Herder, Lessing und Kant oder Goethe und Schiller nie gegeben hätte, wurden (und werden) die Schulkinder de facto als Mittel zu einem wirtschaftlichen Zweck behandelt. Der Sog der Industrialisierung war schlechterdings so groß, dass man kaum je darüber nachdachte, was man eigentlich macht, wenn man alle Kinder durch ein Schulsystem schleust, dessen Hauptziel es ist, dass am Ende der Schulzeit ein bestimmter Output an jungen Erwachsenen geliefert wird. Ohne es bewusst gewollt zu haben und erst recht nicht mit üblen Absichten machte man die Kinder zum „Human-Kapital" für einen gesellschaftlichen Zweck. (Diese Denkweise war zudem nicht neu. In den Kadettenschulen ging es darum, die Zöglinge zu guten Soldaten zu machen und in den Priesterschulen zu guten Priestern.) Dass man damit, ob man will oder nicht, gegen die Menschenwürde der Kinder verstößt, wurde (und wird) so gut wie nie bewusst.

Sehr verehrte Anwesende, ich weiß: man muss hier tief Luft holen. Dass das Schulsystem ein Verstoß gegen die Würde des Menschen sein soll, klingt geradezu aberwitzig, doch die Logik ist unerbittlich: *Wenn* es gegen die Menschwürde verstößt, Menschen als Mittel zu einem Zweck zu benutzen (und sei es mit subjektiv noch so guten Absichten) und *wenn* die Schulsysteme der Welt den Zweck hatten und haben, genügend viele Kinder für eine gesellschaftliche Aufgabe passend zu machen, dann handelt es sich um einen Verstoß gegen die Würde des Kindes. Punkt.

Wie schwer der Verstoß wiegt, ob er harmlos ist oder nicht und welche Folgen er hat, ist eine andere Frage. (Steiner hielt die Folgen für fatal. Darüber gleich mehr.) Aber erst muss noch ein weiterer Aspekt benannt werden, der auf der gleichen Linie liegt: Zu den Vorgaben aus der Wirtschaft kamen und kommen immer auch politische Interessen hinzu. Seit der Staat das Schulsystem in die Hand genommen hat, hat bisher noch jeder Staat auch seine eigenen politischen Vorgaben in die Schulen gebracht: Im deutschen Kaiserreich ging es nicht nur darum, genügend viele Wissenschaftler hervorzubringen, sondern immer auch darum, Monarchie-treue Beamte und Soldaten „zu produzieren". In den kommunistischen Staaten Osteuropas und Asiens ging es immer auch darum, die Kinder und Jugendlichen zu guten Kommunisten zu erziehen, und nicht nur darum, hervorragende Wissenschaftler und Techniker aufzubauen, um – wie Stalin vorgab – den Westen einzuholen und zu überholen. In den Staaten Europas, die unter faschistische Herrschaft gerieten, sollten die Kinder immer auch zu guten Faschisten gemacht werden. In theokratischen Staaten geht es noch heute darum, die Kinder zu Theokratie-gläubigen Menschen heranzubilden. Und in demokratischen Staaten geht es darum, die Kinder zu guten Demokraten zu erziehen.

Sehr verehrte Damen und Herren, es ist ohne Frage ein enormer Unterschied, ob man Kinder zu guten Faschisten oder zu guten Demokraten bilden will. Aber aus einer übergeordneten Perspektive betrachtet, machen alle Staaten das Gleiche: Sie wollen die Kinder zu etwas machen. Sie wollen sie passend machen für *ihr* gesellschaftliches und politisches System, das sie – aus *ihrer* Perspektive – subjektiv für das Beste halten. Denn selbstverständlich dachten und denken die kommunistischen Pädagogen, dass die „Erziehung zum Kommunismus" das Beste sei – das Beste nicht nur für die Gesellschaft, sondern auch für das einzelne Kind. In der Folge hielten (und halten) es auch Millionen von Eltern für das Beste, wenn ihr Kind die entsprechenden Schulungen durchläuft, denn dadurch werde es später bessere Chancen haben, im System gut unterzukommen. Im Grunde ist es eine einfache Gleichung: Je besser man passt, desto besser für den beruflichen Erfolg. Erst im Nachhinein kommt dann das böse Erwachen. (Die traurige Wahrheit ist, dass unzählige Male dieses Erwachen nicht einmal im Nachhinein kommt. „Es war doch nicht alles schlecht in der Sowjetunion oder im Deutschland von 1933–1945. Vieles war sogar besser als heute", heißt es dann noch jahrelang, selbst als die Systeme zusammengebrochen waren und ihre menschenvernichtenden Grausamkeiten ans Licht kamen.)

Für die Demokratie und die freie Marktwirtschaft gelte das nicht, sagt man, denn die beiden seien in Kombination nun gewiss das Beste, was man haben könne, gleichsam der Weisheit letzter Schluss. Wirklich? Kein alter Ägypter hätte sich vorstellen können, dass es etwas Besseres geben könnte als die Theokratie. Die Vorstellung, dass das Volk anstelle des Pharaos der *Souverän* sein könnte, wäre einem alten Ägypter grenzenlos absurd vorgekommen. 3000 Jahre später war das für absurd Gehaltene zum Ideal geworden. In ähnlicher Weise liegt es außerhalb des heutigen Denk-Horizontes, nur in Erwägung zu ziehen, dass es etwas fundamental Besseres geben könne als das gegenwärtige System. Nur einzelne Optimierungen seien angeblich nötig. Die fatale Folge: Man macht es grundsätzlich den Erneuerungsimpulsen der nachwachsenden Generationen so richtig schwer. Denn wenn jede Generation die eigenen Kinder immer nur passend machen möchte für das eigene gesellschaftliche und politische System, dann behindert man den wirklich kreativen Fortschritt, der durch die Kinder in die Welt kommen könnte. Man macht auf diese Weise die Mehrheit der Kinder viel zu sehr zu angepassten Mitläufern. Im Grunde aber bräuchte man für die Pädagogik eine Einstellung wie sie Johannes der Täufer gegenüber Christus hatte, wenn er sagte: „Nach mir kommt der, der größer ist als ich. Ich bereite dem Herrn (nur) den Weg." Übertragen auf die Pädagogik heißt das: Nach uns kommen die Generationen, die weiter sein werden als wir. Wir dürfen ihnen den Weg bereiten, aber wir sollten nicht unsere Vorstellungen von dem, wie es weitergehen sollte, in sie hineinpressen. Für Steiner war das eminent wichtig. Als spiritueller Meister erklärte er den damaligen Lehrerinnen und Lehrern, dass die Kinder ja viel später aus der vorgeburtlichen Welt auf die Erde gekommen sind. Sie bringen deshalb aus der geistigen Welt neuere Impulse mit, die wir Älteren noch gar nicht kennen. Deshalb sollte die ältere Generation sich grundsätzlich darin üben, zu lauschen, worin die neuen Impulse bestehen, die in den Seelen der Kinder in der geistigen Welt veranlagt worden sind. Eine solche Grundeinstellung gebe dann dem Unterricht eine ganz andere innere Haltung. Statt als der bereits wissende Erwachsene auf die Kinder herab zu schauen – eine Gefahr, in die ich als Lehrer viel leichter gerate als mir bewusst wird – lerne ich, in ihnen Boten der geistigen Welt zu sehen. Ich vergöttere sie nicht, aber ich sehe in ihnen Boten der geistigen Welt. Und mein ganz persönlicher Eindruck ist, dass die Kinder unbewusst das von mir erwarten. Mehr noch: Wenn ich dieser Erwartung auch nur ein wenig gerecht werde, dann erzeugt das wundersamer Weise einen ganz anderen Respekt. Denn wenn die Kinder oder Jugendlichen sich – unbewusst – von mir in diesem

Sinne erkannt und respektiert fühlen, dann bringen sie auch mir gegenüber einen neuartigen Respekt entgegen. Wir arbeiten zusammen. Der dänische Familientherapeut Jesper Jul hat den wunderbaren Ausdruck von der „Gleich-Würdigkeit" geprägt. Ja Gleichwürdigkeit – das ist es. Mindestens.

Die sozialen Folgen staatlicher Bevormundung

Wer als Kind geschlagen wurde, hat später als Erwachsener eine Disposition dazu, seine eigenen Kinder wieder zu schlagen. Das ist ein gut erforschter und unstrittiger Sachverhalt. Wir reproduzieren als Erwachsene unbewusst aufgenommene Handlungsmuster der Kindheit. Das heißt: Wer in der Kindheit als Mittel zu einem Zweck benutzt wurde, der trägt als Erwachsener die Disposition in sich, andere Menschen als Mittel für die eigenen Zwecke zu benutzen. Genau das aber machen alle staatlichen Schulsysteme der Welt. Sie benutzen die Kinder als Mittel zu einem Zweck. Die Folge: Diese Kinder haben später als Erwachsene kein Problem damit, andere Menschen als Mittel zu ihren eigenen Zwecken zu benutzen. Viel zu viele Erwachsene haben kaum ein Problem damit, andere Menschen für die eigenen Zwecke zu nutzen. Das gilt auf der Makro-Ebene der Gesellschaft genauso wie auf der Mikro-Ebene der Beziehungen, zum Beispiel in Partnerschaften. In ungezählten Partnerschaften geht es unbewusst darum, dass der Andere ein Mittel ist, um meine Bedürfnisse zu befriedigen. Und wenn er das nicht mehr tut, dann hat er für mich einen geringeren Wert. Ein Krebsgeschwür in Beziehungen. Auf der Makro-Ebene der Gesellschaft ist es für den Norden immer noch üblich, dass ganze Völkerschaften des Südens für den Norden das Tantal für die Handys in den Minen des Kongo abbauen oder unter unwürdigen Bedingungen unsere Hemden nähen. Die Minenarbeiter Afrikas und die Näherinnen Asiens werden vom Norden behandelt als Mittel für unsere Zwecke vom Smartphone bis zum Counter-Season-Gemüse. Die lokalen Produktionszweige und Märkte des Südens werden durch hemmungslose Dumpingpreise des Nordens rücksichtslos zerstört. Eine der verborgenen Ursachen: Viel zu viele Menschen des Nordens verhalten sich deshalb so, weil sie selbst so behandelt worden sind. Alle Kinder waren im staatlichen Schulsystem selbst ein Mittel zum Zweck. Und es scheint so zu sein, dass Kinder das, was ihnen passiert ist, als Erwachsene unreflektiert wiederholen und nur eine Minderheit mit starkem Gewissen sich aus diesem Kreislauf befreit. Allerdings wächst diese Minderheit seit Jahren.

Wenn ein Kind in der Schule – unbewusst oder bewusst – den Eindruck hat: „Man interessiert sich hier gar nicht für mich als Mensch, sondern man interessiert sich nur für meine Leistung“, dann wird ein ungutes Muster veranlagt. Das Kind lernt: „Nicht der Mensch als solcher ist wichtig, sondern er zählt vor allem als *Mittel* für Leistung.“ Das ist die Lehre, die tief eingewurzelt wird. Im Erwachsenenalter wird sie dann reflexhaft wiederholt: „Der Andere ist ein Mittel für meine Zwecke.“ *Exakt dieses Handlungsmuster prägt aber auf der Makro-Ebene unsere Weltwirtschaft.*

Viel zu viele Kinder lernen in der Schule, wie viel von der Wertschätzung, die ihnen entgegengebracht wird, davon abhängt, in welchem Maße sie den Anforderungen des Systems genügen. Sowohl die sogenannten „starken“ Schüler als auch diejenigen, die es schwer haben, lernen: „Nicht jeder ist hier *bedingungslos* als Mensch willkommen geheißen, sondern viel hängt davon ab, wie gut er in dem System funktioniert." Die Psychologie spricht diesbezüglich von „Mikrotraumatisierungen". Diese Mikrotraumatisierungen haben gravierende gesellschaftliche Folgen. Nur wenige Fakten:

- Nur ein Prozent der Weltbevölkerung besitzt mehr als die restlichen 99 Prozent. Das heißt: Wenn man die gesamte Menschheit in einem Modell auf 100 Menschen reduzieren würde, würde ein einziger mehr besitzen als alle anderen 99 zusammen.
- Der *Gini-Koeffizient* ist das gängige Maß, um die Verteilung von Einkommen oder Vermögen zu beschreiben. Theoretisch kann er Werte von 0 bis 1 annehmen. Das heißt: Ein Gini-Koeffizent von 0 beschreibt eine vollkommene Gleichverteilung. Bezüglich des Vermögens wäre in Deutschland ein Gini-Wert von 0 erreicht, wenn jeder Deutsche exakt über das gleiche Vermögen verfügte. Ein Gini-Koeffizient von 1 wäre dagegen erreicht, wenn eine einzige Person über alles Vermögen, alle anderen über nichts verfügten. In den USA beträgt der Gini-Wert bezüglich der Vermögensverteilung zur Zeit 0,85. In Deutschland 0,77.

Trotz allen Fortschritts in den Schwellenländern, auf den Hans Rosling hingewiesen hat, bedeuten diese Zahlen für Millionen von Menschen ein soziales Desaster.[34] Wie kommt es dazu? Rudolf Steiner gab darauf eine erstaunliche Antwort: Das soziale Verhalten der Erwachsenen hänge – neben anderen Faktoren – in einem erheblichen Ausmaß von der

Art und Weise ab, *wie* man im Elternhaus und in der Schule erzogen worden ist. Das werde allerdings – so Steiner – kaum je gesehen: „*Man sieht nicht die Fäden zwischen dem, was Erziehung im Laufe der letzten Jahrhunderte geworden ist, und dem, was im sozialen Leben zerstörend, vernichtend, verheerend uns entgegenstürmt.*"

Die Frage „Wie hängt die wenig solidarische weltweite Vermögensverteilung mit Erziehung und Schule zusammen?" wird in der Tat selten gestellt. Dabei wäre sie aus einem einfachen Grund naheliegend: Alle Menschen, ganz gleich ob sie heute an den einflussreichen Hebeln sitzen oder ob sie nur Mitläufer sind, sind in ihrer Kindheit und Jugend erzogen worden und zwar in erster Linie von den Eltern und in zweiter Instanz von der Schule. Alle müssen dabei etwas gelernt (oder nicht gelernt) haben, was sie so handeln lässt, wie wir tatsächlich handeln.

Rudolf Steiner war der Auffassung, dass es tatsächlich einen starken Zusammenhang zwischen Bildungssystem und Sozialverhalten gibt. Sein Gedanke ist simpel: Wenn es den Konsumenten eines modernen Staates insgesamt zu gleichgültig ist, unter welchen Lebensbedingungen diejenigen Menschen leben, die die Konsumgüter herstellen, dann liegen in der Regel mehrere Sachverhalte vor:

- *Erstens* eine unreflektierte Bereitschaft, andere Menschen als Mittel für eigene Zwecke zu benutzen
- *Zweitens* eine zu schwach ausgebildete *Interesse*-Kapazität für andere Menschen und für Zusammenhänge und Hintergründe:

„Es kommt darauf an, dass wir wirklich unsere Kinder so erziehen, dass sie wieder auf die Umwelt, auf ihre Mitmenschen achten lernen. Das ist ja die Grundlage alles sozialen Lebens. Heute redet jeder von sozialen Impulsen, aber lauter antisoziale Triebe sind unter den Menschen vorhanden. Das Soziale müsste damit beginnen, dass die Menschen sich wieder achten lernen. (…) Es ist außerordentlich wichtig, dass man auf diese Dinge wieder die Empfindung lenkt, wenn man Erzieher und Unterrichter werden soll." (GA 294, 62)

- *Drittens* zu wenig Mit-Gefühl
- *Viertens* ein Selbstwertgefühl, das sich mehr über das Besitzen und Haben als über das Tun und Sein definiert
- *Fünftens* hat man zu wenig gelernt, vom Ganzen aus zu denken und zu fühlen.
- *Sechstens* hat man sich über zu viele Begriffe, die im Sozialen eine Rolle spielen, falsche Vorstellungen gebildet: Man denkt gedankenlos über das Verhältnis von Arbeit und Einkommen; man denkt gedankenlos über das, was Geld eigentlich ist; man denkt gedankenlos über Profit und Kapital.
- *Siebtens* hat man zu wenig reflektiert, welche Auswirkung das Verhalten der Erwachsenen, der einzelnen und der Gesellschaft insgesamt, auf die Entwicklung eines Kindes hat.

Mit anderen Worten: Steiner sah eine Hauptursache für extreme soziale Unfairness in der *Mentalität* der Menschen. Und die tiefer liegende Ursache für die vorherrschende Mentalität sah er darin, dass die staatlichen Schulen bei ihren Schülerinnen und Schülern *im Gesamtdurchschnitt* ein „Mittel-Zweck-Denken" hervorrufen und auf der anderen Seite die Interesse-Kapazität und die Kapazität zum Mitgefühl sowie die Fähigkeit, vom Ganzen her zu denken, entschieden zu wenig entwickeln. Solange aber die Schulsysteme der modernen Welt das nicht tun (weil sie anderen Zielen aus Wirtschaft und Politik dienen müssen), solange würden weder einzelne Reformen des Wirtschaftssystems, noch der Druck von Revolutionären oder Aktivisten, noch lokale Gegenentwürfe *flächendeckend* bessere Verhältnisse schaffen können:

„Die ökonomische Lage der Menschen ist ein Ergebnis dessen, wie sie sich durch ihre geistigen Fähigkeiten (...) **zueinander stellen**. *Wer das durchschaut, der wird nicht glauben, er könne ein Wirtschaftssystem finden, das durch sich die in demselben lebenden Menschen in ihnen würdig erscheinende Lebenshaltungen bringen könne.“* (GA 24, 91)

Man müsse – so Steiner – die Sache an der Wurzel anfassen. Und die Wurzel liege ganz entscheidend in der Mentalität der Menschen und die Wurzel für die Mentalität liege in der Kindheit und Jugend. Aus diesem Grund war es für Steiner absolut entscheidend: Immer mehr Menschen sollten einsehen, dass es keine gute Idee ist, wenn Staat und Politik das Bildungssystem steuern und dadurch Abermillionen Kinder zu Mitteln für einen gesellschaftlichen Zweck machen. Solange man nicht das Bildungssystem dem Einfluss der Wirtschaftsinteressen und der politischen Parteiinteressen entzieht, so lange werde es zu keiner sozialeren Gestalt der Welt kommen. Zu vielen Menschen fehlten dann die mentalen Voraussetzungen. Aber ihnen fehlen die mentalen Voraussetzungen nur deshalb, weil im staatlichen Schulsystem mehr oder weniger unweigerlich die Kinder zu etwas gemacht werden sollen. In Wirklichkeit aber brächten alle Kinder die Voraussetzungen für eine sozialere Gestalt des Planeten bereits mit. Man müsse diese Voraussetzungen nur *freilegen*.

Sehr verehrte Anwesende, dieses Freilegen einer bereits veranlagten sozialen Mentalität gehört zu den faszinierendsten Aufgaben von dem, was Waldorf wirklich will. Ich beginne mit der Leber.

11 Die Leber-Mentalität freilegen

In Resonanz mit der Weisheit unseres Körpers

Die Leber ist ein erstaunliches Organ: Sie arbeitet 24 Stunden am Tag und das ihr Leber-Leben lang. Sie produziert die lebenswichtigen Proteine. Sie produziert die Galle. Sie verwertet die Nahrung. Sie speichert Glykogen und Vitamine und vieles mehr.

Umgekehrt bekommt die Leber über das Blutsystem alles, was sie zum Leben und für ihre Arbeit braucht: Sie erhält allen Sauerstoff der Welt, den sie nötig hat, und genauso alle Nährstoffe.

Würde man allerdings die Leber fragen: „Sag mal, liebe Leber, warum arbeitest du eigentlich?", so würde sie, könnte sie denn in ihrer Lebersprache sprechen, nie und nimmer sagen: „Das ist doch ganz klar: Ich arbeite, um Sauerstoff zu verdienen. Von irgendwas muss ich ja leben können." Keine Leber würde so sprechen. Im Gegenteil: Könnte die Leber reden, so würde sie antworten: „Ich arbeite, weil das meine Natur ist. Ich arbeite für das Ganze dieses Organismus, denn wenn ich nicht arbeiten würde, dann würde der gesamte Organismus zusammenbrechen und ich mit ihm. Ich selbst kann nur leben als Organ des Ganzen. Ohne die anderen Organe hätte ich gar keinen Sinn. Als isolierte Leber auf dem Labortisch bin ich streng genommen gar keine Leber mehr. Ich bin nur eine Leber zusammen mit den anderen Organen im ganzen Organismus."

Und mehr noch: Keine einzige gesunde Leber käme auf die Idee sich zu sagen: „Der Sauerstoff ist wunderbar. Ich liebe

den Sauerstoff! Ich hätte gerne mehr davon. Ich verdiene das auch. Begründung: Meine Arbeit ist sehr wertvoll für das Ganze. Außerdem hatte ich eine lange Ausbildungszeit, bis ich eine voll ausgereifte Leber geworden bin, und deshalb hätte ich gerne mehr Sauerstoff. Und offen gesagt: Am liebsten wäre ich Sauerstoff-Millionär oder Sauerstoff-Milliardär. Und, um wirklich ganz ehrlich zu sein: es ist mir reichlich egal, ob dann die Niere oder das Herz oder die Lunge oder die Muskeln noch genug Sauerstoff bekommen."
Keine Leber würde so antworten. Kein einziges Organ würde so antworten, denn kein einziges Organ arbeitet so.

Rudolf Steiner war wohl der erste, der die soziale Komponente im System der Lebensorgane erkannte und darin ein Urbild sozialer Kooperation entdeckte. In der Weisheit unseres eigenen Körpers haben wir Menschen einen bereits perfekten sozialen Organismus. Er zeichnet sich durch mehrere Kriterien aus.

1. Alle Mitglieder des Organismus, arbeiten *für das Ganze.* Kein einziges Organ arbeitet für sich, sondern im höchsten Grad *selbstlos.* Das gilt übrigens auch für die Sinnesorgane. Alle Sinnesorgane sind in einem absoluten Maße selbstlos. Sobald das anders wird, sobald zum Beispiel das Ohr sich selbst hört, liegt eine Erkrankung vor.
2. Organe leisten ihre Arbeit für das Ganze *von sich aus, aus ihrer eigenen Natur heraus.* Sie müssen durch keine kommunistische Zentralregierung dazu gezwungen werden, sich sozial zu verhalten.
3. Alle Organe *kooperieren.* Kein Organ arbeitet dauerhaft auf Kosten eines anderen.

4. Alle Organe *bekommen das, was sie brauchen, von den anderen Organen.* Aber kein Organ bekommt mehr Sauerstoff oder mehr Nährstoffe als es braucht. Es bekommt nur dann sehr viel mehr, wenn das sachlich begründet ist, das heißt, wenn es für den Gesamtorganismus notwendig ist. Beispiel: Wenn eine Pythonschlange ein ganzes Reh verschlungen hat, dann benötigt der Verdauungstrakt dermaßen viel Sauerstoff, dass sogar das Herz temporär auf das Doppelte seiner Normalgröße anwächst. Alle anderen Organe bekommen in dieser Phase sehr viel weniger Sauerstoff: Die Muskulatur wird heruntergefahren und muss sich gedulden und auch das Gehirn bekommt weniger. Die Schlange schläft deshalb, weil der Sauerstoff woanders gebraucht wird. Es kann aber auch umgekehrt sein: In bestimmten Situationen werden aller Sauerstoff und alle Glukose dem Gehirn zur Verfügung gestellt und alles andere wird nur noch mit einem Minimum versorgt. Und das heißt: *Das System unserer Lebensorgane arbeitet vorbildlich nach dem Prinzip einer Bedarfswirtschaft und weder nach dem Prinzip einer Marktwirtschaft, noch nach dem System einer Planwirtschaft, noch nach dem System einer abgemilderten Marktwirtschaft in Form einer sogenannten „sozialen Marktwirtschaft".*
5. Alle Organe geben immer ihr Bestes für das Ganze und zwar ohne Konkurrenzdruck. Wäre das Konkurrenzprinzip wirklich das beste Prinzip, dann hätte die Evolution fünf Lebern hervorgebracht, die alle im Wettbewerb miteinander lägen. Sie konkurrierten darin, welche Leber den Auftrag der Protein-Produktion bekommt. Und diejenige Leber würde den Zuschlag erhalten, die das beste Protein zum geringsten Sauerstoff-

Preis anbietet. Kurz: Konkurrenzdruck ist im System der Lebensorgane nicht notwendig, um die optimale Lösung zum effektivsten Preis zu erbringen.

Die Weisheit unseres eigenen Körpers liefert mit dem System unserer Lebensorgane das Ideal eines perfekten sozialen Organismus. Mit dem System der Lebensorgane haben wir einen Kompass, der einem den Norden zeigt.[35] Mit den leicht abgewandelten Worten Schillers:

> *Suchst du das Größte, das Höchste, / Dein Körper kann es dich lehren.*
> *Was er unbewusst ist, / macht ihr es wollend, das ist's.*

Steiner war der Auffassung, dass eine Pädagogik aus Menschenerkenntnis dafür sorgen kann, dass die Seele des Menschen immer mehr in Resonanz zur Weisheit des eigenen Köpers kommen kann. Man sollte deshalb gar nicht erst versuchen, eine soziale Einstellung in die Kinder hineinzupressen und sie sozial zu indoktrinieren. Besser wäre es, das Soziale herauszuholen. Es ist in den Tiefen des Körpers als Modell bereits vorhanden. Man muss es nur freilegen. Erzwingen lasse es sich ohnehin nicht.

Man dürfe allerdings nicht verkennen, dass die Lebensorgane gegenüber den Menschen einen markanten „Vorteil" haben: Sie haben kein „Ego". Das Maß der Selbstlosigkeit der Sinnesorgane und der Lebensorgane ist dem Menschen schlechterdings nicht möglich. Es wäre ein Widerspruch in sich: Ein Wesen, das gerade dadurch definiert ist, dass es ein individuelles Selbst hat, soll selbstlos arbeiten können für das

Ganze? Von heute auf morgen ist das nicht zu erreichen. Es gibt nur Annäherungen, indem die Seele mit der Weisheit des Körpers *allmählich* in Resonanz gebracht wird. In funktionierendem Teamwork für eine begeisternde Aufgabe lässt sich das gut beobachten. Ich selbst habe es immer wieder erlebt, dass Schülerinnen und Schüler bei einem Projekt so voller Begeisterung in ihrer Arbeit für ein Gelingen des Ganzen aufgingen, dass sie dabei ihre persönlichen Interessen in einem hohen Maße vergaßen. Sie arbeiteten im „Leber-Modus" und waren glücklich. Ihr Kommentar: Schade, dass das nicht immer der Fall ist.

Wenn man im System der Lebensorgane deren perfekte soziale Kooperation sieht, dann wird völlig klar, dass unser momentanes Wirtschaftssystem noch weit davon entfernt ist, so effektiv zu funktionieren, wie die Lebensorgane unseres Körpers das tun. Wenn man aber von der „Firma" Leber (oder den anderen Lebensorganen) wirklich etwas lernen kann, dann vor allem dies: der Sinn einer Firma besteht nie und nimmer darin, „Geld zu machen", so wie es nicht der Sinn der Leber ist, Sauerstoff zu verdienen: Der Sinn eines Unternehmens besteht darin, bestimmte Bedürfnisse der Menschen zu befriedigen, so wie es der Sinn der Leber ist, die Proteine für den Organismus herzustellen. Alles andere ist ineffektiv und führt zwangsläufig an irgendeiner Stelle zu Unterversorgung und Leid.

Steiner formuliert das im sozialen Hauptgesetz so:

„Das Heil einer Gesamtheit von zusammenarbeitenden Menschen ist um so größer, je weniger der einzelne die Erträgnisse seiner Leistun-

gen für sich beansprucht, das heißt, je mehr er von diesen Erträgnissen an seine Mitarbeiter abgibt, und je mehr seine eigenen Bedürfnisse nicht aus seinen Leistungen, sondern aus den Leistungen der anderen befriedigt werden. Alle Einrichtungen innerhalb einer Gesamtheit von Menschen, welche diesem Gesetz widersprechen, müssen bei längerer Dauer irgendwo Elend und Not erzeugen." (GA 34, 213)

Mit anderen Worten: Die Gesundheit eines sozialen Organismus hängt davon ab, in welchem Maße seine Prinzipien sich denen der Weisheit des menschlichen Körpers annähern. Steiner behauptete, dass das soziale Hauptgesetz mit einer genauso strengen Gültigkeit gelte wie irgendein Naturgesetz. Es handele sich also nicht um eine *Meinung*, sondern um ein *soziologisches Naturgesetz*. Und in der Tat: Wenn man den Vergleich mit dem Organismus der Lebensorgane bedenkt, kann man ahnen, warum das so ist. Jeder biologische Organismus funktioniert so, dass seine Glieder *selbstlos* für das Ganze arbeiten und vom Ganzen erhalten werden. Sobald ein Sinnesorgan oder ein Lebensorgan *für sich selbst* arbeiten würden, läge Erkrankung vor, die – je nach Ausmaß – zum Niedergang des Organismus führen kann.

Weil viel zu viele Menschen nicht die *Mentalität* haben, die dem sozialen Hauptgesetz entspricht (das heißt, weil sie nicht so *empfinden),* deshalb hat der Gini-Koeffizient für Einkommens- und Vermögensverteilung derzeit Werte, die die nationale und weltweite massive Ungleichverteilung abbilden. „*Denn soziales Verhalten ohne zur Brüderlichkeit geneigte Menschen ist ein hölzernes Eisen.*" (GA 330, 314) Wir sind zwar *eine* Menschheit. Wir sind *ein* Menschheitsorganismus, aber wir lassen es volks- und weltwirtschaftlich zu, dass ganze Menschheitsorgane, ganze Völkerschaften, mit „Sauerstoff" unterversorgt sind, während an anderen Stellen das, was man zum Leben braucht, absurd akkumuliert und gehortet wird und zu einer extremen Macht- und Einflusskonzentration führt. Die Natur kennt die Regel, dass keine Eiche mehr Nährstoffe aus dem Boden holt als sie zum Leben braucht und kein Löwe mehr Gazellen jagt als nötig und kein Organ mehr Sauerstoff ansaugt als erforderlich. Nur der Mensch schafft mit seinem Verhalten eine für die Mehrheit desaströse Ausnahme. Von der Weisheit seines eigenen Körpers ist er noch weit entfernt. Denn unter dem Gesichtspunkt der *Effektivität* und der Gesundheit eines sozialen Organismus ist es kontraproduktiv, wenn man für seine Arbeit (oder sogar ohne Arbeit, nämlich für Kapitalanlagen) ein Monatseinkommen in Millionenhöhe bezieht. Aber entsprechende Rechtfertigungen finden sich außerhalb der „Leber-Mentalität" in Hülle und Fülle. Auf der anderen Seite kann erlebt werden, dass Menschen, sobald ihre Leber-Mentalität freigelegt ist, zufrieden sind mit dem, was sie zum Leben brauchen, *wenn* sie tatsächlich in ihrer Tätigkeit eine Erfüllung finden und wenn sie wissen, dass ihre Arbeit einen Sinn für das Ganze hat (und nicht ein völlig sinnloser sogenannter „Bullshit-Job" ist).[36]

Kommen wir zu der Frage: *Wie* kann die Leber-Mentalität freigelegt werden? Denn, so Steiner wörtlich: „*Die Forderung: In Zukunft dürfe der Mensch nicht mehr für sich, sondern er müsse „für die Gemeinschaft" arbeiten, bleibt wesenlos, solange man nicht wirklichkeitsgemäße Erkenntnisse darüber entwickeln kann, auf welche Art man Menschenseelen dazu bestimmen kann, dass sie für die Gemeinschaft ebenso willig arbeiten, wie für sich selbst. (...) Man sollte durchschauen, dass man in dem Augenblicke einen neuen Ar-*

beitsantrieb schaffen muss, in dem man daran denkt, den alten des egoistischen Gewinnes zu beseitigen." (GA 24, 48)

Die Erziehungskunst Steiners formuliert dafür mehrere Anhaltspunkte:

- *Erstens* ist die unreflektierte Bereitschaft, andere Menschen als Mittel für eigene Zwecke zu benutzen, dadurch zu verringern, dass das Bildungssystem nicht nach staatlichen und ökonomischen Vorgaben zu arbeiten hat. Denn dadurch werden Kinder zu Mitteln für einen Zweck gemacht. Ein Muster, das sie dann als Erwachsene reproduzieren. Stattdessen: „*Wenn man Forderungen aufstellt, wie ein Kind sein soll, kann man das leicht definieren. Wie die Kinder wirklich sind, das psychologisch zu erkennen, muss man sich mit schwerem Studium erringen. Dies ist eines, wovon ich meine, dass wir es nach dem ersten Jahre als eine Hauptsache betrachten: Verstehenlernen der Kinder. Sich gar nichts vornehmen, sie müssen so oder so sein.* (300a, 156)
- *Zweitens* kann die *Interesse*-Kapazität für andere Menschen und für Zusammenhänge und Hintergründe vergrößert werden:
  „*Es kommt darauf an, dass wir wirklich unsere Kinder so erziehen, dass sie wieder auf die Umwelt, auf ihre Mitmenschen achten lernen. Das ist ja die Grundlage alles sozialen Lebens. Heute redet jeder von sozialen Impulsen, aber lauter antisoziale Triebe sind unter den Menschen vorhanden. Das Soziale müsste damit beginnen, dass die Menschen sich wieder achten lernen. (…) Es ist außerordentlich wichtig, dass man auf diese Dinge wieder die Empfindung lenkt, wenn man Erzieher und Unterrichter werden soll.*" (GA 294, 62)

- *Drittens* kann die Mitgefühl-Kapazität vergrößert werden, indem darauf geachtet wird, dass es bei *allem* Lernen immer auf die Gefühle ankommt, die sich an dem Lernstoff entzünden. (Vgl. Kapitel 5 über die Plazenta des Verstandes)
- *Viertens* kann ein Selbstwertgefühl veranlagt werden, das sich weniger über das Besitzen und Haben, sondern über das Verstehen und Tun definiert.
- *Fünftens* kann man von Anfang an lernen, vom Ganzen aus zu denken und zu fühlen. Das beginnt schon im ersten Rechenunterricht, der vom Ganzen ausgeht und nicht von den Teilen.
- *Sechstens* kann man in den höheren Klassen ab der Mittelstufe viele Begriffe, die im Sozialen eine Rolle spielen, neu und frisch durchdenken: Man kann in neuer Weise mit den Schülern nachdenken über das Verhältnis von Arbeit und Einkommen; oder über das, was Geld eigentlich ist, oder über Profit und Kapital. Einige Schulen haben das dann in Schülerfirmen in die Praxis umgesetzt.
- *Siebtens* vermeidet man in der Waldorfpädagogik das Konkurrenzprinzip. Die Kinder sollten lernen, dass es ganz selbstverständlich ist, sein Bestes zu geben (so wie die Leber), weil man einfach sein Bestes geben *will*, auch ohne dass es irgendeinen Konkurrenzdruck gibt. Es gehört zu den schönsten pädagogischen Erfahrungen, die man machen kann: Schülerinnen und Schüler geben ihr Bestes, einfach weil sie das wollen. Denn genau das, „sein Bestes geben", will im Grunde jeder Mensch. Jedes kleine Kind will immer sein Bestes geben. Bei jeder Tätigkeit. Die Kunst besteht darin, diesen Impuls nicht

durch das Lernen unter Druck oder durch das Lernen unter dem Ehrgeizprinzip zu korrumpieren.

Diese und ungezählte weitere Maßnahmen tragen dazu bei, eine Leber-Mentalität nicht „einzutrichtern", sondern freizulegen. Das aber hat beträchtliche Auswirkungen auf die verschiedenen Umwelten, auf die soziale und auf die der Natur. Schauen wir uns das an:

Alle Lebensorgane des Menschen arbeiten nach dem Prinzip der „Requirement-Economy". Beim Menschen ist das anders. Er kann seine Bedürfnisse ins Unendliche steigern. Mit dem einen Ferrari ist es nicht getan. Bei den Söhnen von Saddam Hussein standen irgendwann massenhaft Luxuskarossen in der Garage, für jeden Tag die Qual der Wahl. In Deutschland sind bei 80 Millionen Einwohnern derzeit etwa 60 Millionen PKW angemeldet. Man kann leicht ausrechnen, was ein ähnliches Verhältnis für China und Indien bedeuten würde. In China mit einer Bevölkerung von 1,4 Milliarden wären es 1,05 Milliarden Autos, in Indien bei 1,339 Mrd. Einwohnern auch mehr als eine Milliarde Autos. Schadstoff- und Energie-Berechnungen zeigen, dass die Erde dieses Szenario nicht einen Tag überleben würde.

Man spricht seit alters von der „Mutter Natur" und den Menschen als ihren „Kindern". Eine Mutter versorgt ihre Kinder mit dem, was die Kinder brauchen. Warum sollte Mutter Natur anders verfahren? Die Natur dürfte in der Lage sein, *alle* Bedürfnisse *sämtlicher* Menschen zu befriedigen, *sofern* diese Bedürfnisse in etwa so sind wie bei der Leber, also sofern es *natürliche* Bedürfnisse sind und – da der Mensch ein vernunftbegabtes Naturwesen ist – , sofern es *vernünftige* Bedürfnisse sind. Alles andere ist unrealistisch aus einem einfachen Grund: Die egozentrischen Bedürfnisse des Menschen sind im Prinzip unendlich. Das heißt: Alle Bedürfnisse, die primär dem Ego dienen und über das natürliche und vernünftige Maß hinausgehen, führen auf Dauer zu einem zerstörerischen Raubbau an der Natur. (Vgl. den UN-Bericht zum Artensterben.[37]) Insofern hängt die Umwelt- und Ressourcen-Frage von der Frage ab, ob immer mehr Menschen so *empfinden*, dass sie ressourcenverschwendende Konsumgüter nicht haben wollen, weil sie danach kein Bedürfnis haben. Wir erleben heute die Anfänge dieser Bewegung in den Tendenzen der Sharing-Economy oder des „less is beautiful". Aber auf der anderen Seite gibt es eine Bewusstseinsindustrie, die mit dem akkumulierten Fachwissen eines ganzen Jahrhunderts alle raffinierten und erprobten Werbetechniken anwendet, um möglichst vielen Menschen erfolgreich Bedürfnisse einzureden, die sie ohne diese Manipulationstechniken kaum hätten. Es handelt sich also um zwei zwar zeitgleiche, aber sachlich gegenläufige Bestrebungen. Umso wichtiger ist das, was Waldorf wirklich will: Bei immer mehr Kindern in der Seele das freilegen, was im Körper längst vorhanden ist und perfekt funktioniert. Noch einmal mit den Worten Schillers:

Suchst du das Größte, das Höchste,
Dein Körper kann es dich lehren.
Was er unbewusst ist,
macht ihr es wollend, das ist's.

Rudolf Steiner sah in diesem Anliegen eine Kulturtat. „Waldorf" soll ein Beitrag sein zu einer sozial besseren Gestalt des Planeten:

Die Waldorfschule will dazu beitragen, dass die Kinder „lebensvoll verstehen lernen, was die menschliche Gesellschaft ist, für die sie arbeiten" werden. Die Kinder werden dann „die Bedeutung einer Einzelarbeit im Gefüge der ganzen gesellschaftlichen Ordnung so durchschauen", dass sie „ihre Arbeit wegen ihres Wertes für das Ganze lieben lernen". Sie will (durch ihre Pädagogik) die Grundlagen schaffen, die ein Ersatz sein können für den Antrieb, der aus der persönlichen Gewinnsucht kommt. Nur in einer freien Schule kann eine solche Liebe zur menschlichen gesellschaftlichen Ordnung entstehen, wie sie etwa der Künstler zu dem Entstehen seiner Werke hat." (GA 24, 50)

Vor diesem Hintergrund wird deutlich, dass es tatsächlich darum ging, die Welt zu verändern. Dass es immer auch Menschen gibt, die sich darüber lustig machen und ironisch von „Gutmenschen" und „Weltverbesserern" reden, das ist normal und nicht anders zu erwarten. Die Verspottung aber sollte einen nicht abhalten von dem, um was es im Kern geht:

„Die Waldorfschule muss eine wirkliche Kulturtat sein, um eine Erneuerung unseres Geisteslebens der Gegenwart zu erreichen." (GA 300 a, 61)

12 „Erziehung zur Freiheit"?

Eine wenig bekannte Bedeutung einer berühmten Formel

„Erziehung zur Freiheit" lautete der geniale Titel eines Buches über die Waldorfpädagogik, das der schwedische Waldorflehrer Frans Carlgren 1972 veröffentlicht hatte. Der Titel enthielt nicht nur einen Bezug auf Steiners philosophisches Hauptwerk „Philosophie der Freiheit", der Titel traf zugleich auf den Resonanzraum der 1968er Bewegung, die sich als gewaltige Befreiungsbewegung verstand. In der Folgezeit wurde die Formel „Erziehung zur Freiheit" zu einem Slogan für das, was Waldorf wirklich will. Mit Recht. Zu klären ist allerdings, in welchem Sinne die Waldorfpädagogik zur Freiheit erziehen will. So weit ich es überschauen kann, trifft die Formel „Erziehung zur Freiheit" gleich mehrere Aspekte. Ich möchte hier aber nur auf zwei Aspekte hinweisen, die in der Öffentlichkeit relativ unbekannt sind.

Hinweis 1

Auch im Hinblick auf eine Erziehung zur Freiheit gilt: Erst Menschenerkenntnis, dann pädagogische Mittel. Wie legt man die Grundlage für freie Schüler? Steiner:

„Wer niemals in seiner Umgebung solche Menschen gehabt hat, denen er sich so weit hingeben kann, dass er sie nachahmen kann, dass er in sich selber aufnimmt, was sie tun, der wird nicht vorbereitet für ein demokratisches Leben, der wird niemals fähig werden zum Ge-

nusse der Freiheit im Leben. Das ist das, was als Zusammenhang des Lebens betrachtet werden muss. Man muss sich (...) nur klar darüber sein, dass Blüte und Frucht von dem, was ins Menschenleben hineingesät worden ist, eben manchmal viel später auftreten, als man meint.“ (GA 330, 307)

Steiner sah darin einen Zusammenhang zum Sozialen:

„Das lebendige Mitfühlen mit dem anderen Menschen (...) tritt auf, wenn man im rechten Lebensalter das Nachahmungs- und entsprechend das Autoritätsprinzip hineinergossen hat in alle Zweige des Unterrichts und des Erziehens.“ (GA 309, 86)

Ich komme gleich darauf zurück.

Hinweis 2

In seinem Buch „Theosophie“ unterscheidet Steiner „individuelle Freiheit“ von „subjektiver Willkür“. Subjektive Willkür („ich will so handeln, wie es meinen Wünschen entspricht“) ist erst eine unvollkommene Stufe von Freiheit, denn tatsächlich bin ich, wenn ich so handle, noch abhängig von meinen Wünschen und Trieben und in diesem Sinne nicht frei. In einem höheren Maße frei bin ich erst dann, wenn ich aus Einsicht in das objektiv Richtige (und nicht subjektiv Gewünschte) handle und dieses Handeln im Einklang mit dem objektiv Richtigen zugleich mein innerstes *Bedürfnis* ist, wenn also subjektiver Wunsch und objektive Wahrheit zusammenfallen. (Dadurch hört auch der Wunsch auf, subjektiv zu sein.) Wörtlich heißt es in der „Theosophie“:

„Freiheit ist Handeln aus sich heraus. Und aus sich heraus darf nur handeln, wer aus dem Ewigen die Beweggründe schöpft. Ein Wesen, das dies nicht tut, handelt nach anderen Beweggründen, als den Dingen eingepflanzt sind. Ein solches widerstrebt der Weltordnung. Und diese muss ihm gegenüber dann obsiegen. Das heißt: es kann letzten Endes nicht geschehen, was es seinem Willen vorzeichnet. Es kann nicht frei werden. Willkür des Einzelwesens vernichtet sich selbst durch die Wirkung ihrer Taten.“ (GA 9, 191)

So wie der Ingenieur im Einklang mit den Gesetzen der Statik seine Brücke konstruieren muss und nur dann frei sein kann, während Willkür seine Freiheit zerstört, so sei es – Steiner zufolge – ein Langzeit-Projekt für jeden Menschen, immer mehr auf *allen* Gebieten des Lebens den eigenen Willen im Einklang mit dem objektiv Richtigen und Wahren zu finden.

Für die Pädagogik heißt das viel: Erstens sind die Erkenntniskräfte der Kinder bei jedem einzelnen Kind so weit zu entwickeln, wie es nach den individuellen Voraussetzungen des Kindes möglich ist. Denn je mehr wir als Erwachsene von der Welt und von den Menschen verstehen, desto freier können wir werden. Und umgekehrt: Je mehr wir uns selbst und je mehr wir uns untereinander missverstehen und je weniger wir die Weltgesetze (das „Ewige“) verstehen, desto mehr wird unsere Freiheit eingeschränkt. Zweitens heißt es, dass das, was wir erkennen, auch unser Gefühl anspricht und dass wir unsere Einsichten auch stark genug lieben können.

Steiner brachte das in eine denkbar schlichte Form:

Liebe Kinder,
Wir lernen um die Welt zu verstehen.

Und dann folgen die einfachsten und zugleich bedeutsamsten Sätze, die ich über das Ziel alles Lernens kenne:

Wir lernen, um in der Welt zu arbeiten.
Die Liebe der Menschen zueinander belebt alle Menschenarbeit.
Ohne die Liebe wird das Menschensein öde und leer.
Christus ist der Lehrer der Menschenliebe.

(GA 269, 43)

In diesen einfachen Sätzen verbirgt sich ein tiefes Mysterium: Es gibt keine Freiheit ohne Liebe. Eine freie Tat kann nur eine Tat aus Liebe sein. Eine Handlung ausführen, die ich nicht liebe, ist niemals eine freie Handlung.

Für die Pädagogik bedeutet das, dass es darum geht, nicht nur die Erkenntnisfähigkeiten der Kinder im Laufe von 12 Jahren so zu veranlagen, dass sich die Erkenntniskräfte im Erwachsenenleben noch ständig weiterentwickeln können, es geht darüber hinaus auch darum, die *Liebefähigkeit* der Kinder freizulegen und zu stärken, sodass auch die Liebefähigkeit im Laufe des Lebens immer weiter wachsen kann. Erziehung zur Freiheit heißt: Erziehung zur Liebefähigkeit.

Vorbild und Nachahmung spielen auch hier eine denkbar große Rolle. Wie soll ein Lehrer, der seine Arbeit mit den Kindern nicht liebt, wie soll der ein nachzuahmendes Vorbild sein für die Liebefähigkeit der Kinder?
Die kleinen Kinder lieben instinktiv ihren Lehrer. Oder sa-

gen wir so: Sie sind glücklicher, wenn sie ihn lieben können, als wenn sie das nicht können. Von einem Menschen, den man liebt, lernt man lieber als von einem Menschen, den man nicht mag. Von dem Philosophen Aristoteles wird berichtet, dass er eines Tages einem Schüler gekündigt habe. „Aber Meister, warum wirfst du ihn hinaus?“, soll er gefragt worden sein. Die überlieferte Antwort: „Dieser Schüler liebt mich nicht. Da kann er nichts Wesentliches von mir lernen.“

Bei den Schulfeiern der ersten Schule ließ Steiner keine Gelegenheit aus, die Kinder zu fragen: „Liebe Kinder, habt ihr eure Lehrer lieb?“ Es folgte immer ein tosendes JA. Aber Steiners Frage an die Kinder war immer auch eine unausgesprochene Frage an die Lehrer: „Liebe Lehrer, liebt ihr eure Kinder? Liebt ihr eure Arbeit mit ihnen? Liebt ihr es, eure Ideen, die ihr aus Menschenkunde gewonnen habt, auch in die Tat umzusetzen? Ihr, liebe Lehrerinnen und Lehrer, sollt ja in Vorleistung treten. Wenn ihr eure Kinder nicht nur gern habt, sondern wenn ihr für sie da sein wollt, um sie zu stärken, dann wird ja die Liebe der Kinder eurer Liebe folgen. Eure Liebe ist wie das Sonnenlicht, das die Liebe der Kinder wie eine Pflanze aus dem Boden wachsen lässt. Und dann wird alles Lernen erquicklich. Ohne die Liebe wird das Lernen öde und leer. Die Kinder wollen euch lieben. Das will jedes Kind. Erweist euch dieser Liebe würdig.“

In der Oberstufe verwandelt sich dann die Kindesliebe zu Mutter und Vater und zur Lehrerin oder zum Lehrer in eine *Liebe zu den Ideen*. Das ist eine der bedeutsamsten Metamorphen in der Entwicklung des Kindes. Sie zu kennen ist denkbar wichtig, denn eine Liebe zu den Ideen werde sich

– so Steiner – nur dann voll entfalten können, wenn zuvor die Liebe zur Lehrerin oder zum Lehrer (oder sonst einem Erwachsenen) in der Seele genügend stark gelebt hat. Wer seinen Einsichten liebend folgen will, muss zuvor als Kind gelernt haben, einem geliebten Menschen gerne zu folgen. Steiner hielt deshalb die aufschauende Ehrfurcht zu einer geliebten Person während der Kindheit sogar für eine der wichtigsten Voraussetzungen für eine hochwertige Demokratie. Denn wenn es in einer Demokratie nicht bloß um einen Interessenausgleich gehen soll, sondern wenn man die persönlichen Interessen zurückstellen kann, weil man gemeinsam das Richtige erkennen und sich darüber verständigen will, dann setzt das voraus, dass man Einsichten mehr lieben kann als persönliche Interessen. Diese Fähigkeit werde aber – so Steiner – im Kindesalter veranlagt, wenn man lernt, aus *Liebe* zur Lehrerin oder zur Mutter etwas zu tun, auch wenn gerade die eigenen Wünsche in eine andere Richtung zerren. Wenn die Tochter wirklich *aus Liebe* zur Mutter ihrer Bitte folgt, den Tisch zu decken, dann ist dieses Bedürfnis stärker als der Wunsch, noch etwas länger mit den Freundinnen draußen zu spielen. Das heißt: Die Hingabe an den Willen der Mutter kommt in diesem Fall nicht aus einem widerwilligen Gehorsam, sondern eben aus Liebe. Das aber ist eine Voraussetzung für eine Demokratie, in der Menschen ihre Einsichten mehr lieben als ihre persönlichen Interessen.

„Man muss es in diesen Jahren (7–14) durchmachen, zu einem anderen oder zu mehreren anderen Menschen so hinzuschauen, dass man sich sagen kann – wenn man das auch nicht als Kind ausspricht –, aber dass man es sich innerlich fühlend sagt: Was dieser Mensch sagt, ist die Wahrheit. Man lernt überhaupt niemals

im Leben die Wahrheit suchen, wenn man sie nicht erst in einem Menschen gesucht hat, der für uns eine Autorität war. Es gibt keine Möglichkeit, gewisse Fähigkeiten in der Menschennatur auszubilden, wenn wir nicht das Kind in die Lage versetzen durch das, was wir als Lehrer und Erzieher sind, für das Kind die absolute Autorität zu sein. In dieser Beziehung muss eine Art heiliges Autoritätsgefühl in der Schule walten. Und wenn man glauben wird, dass etwas anderes als dieses heilige Autoritätsgefühl zu Demokratie und Sozialem erziehen wird, (…) dann ist man gewaltig auf dem Holzwege. Will man für die erwachsenen Menschen eine innere Gewachsenheit, wenn man so sagen darf, gegenüber dem demokratischen und sozialen Leben, dann müssen die Kinder gelernt haben, zu den Lehrern hinaufzuschauen als zu den Autoritäten.“ (GA 330, 308)

Es gibt keine Erziehung zur Freiheit ohne eine Erziehung zur Erkenntnisfreude.
Es gibt keine Erziehung zur Freiheit ohne eine Erziehung zur Liebe.

Liebe Kinder,
Wir lernen um die Welt zu verstehen.
Wir lernen, um in der Welt zu arbeiten.
Die Liebe der Menschen zueinander belebt alle Menschenarbeit.
Ohne die Liebe wird das Menschensein öde und leer.
Christus ist der Lehrer der Menschenliebe.

13 Zusammenarbeit mit den Engeln

Über eine integrative statt einer totalitären Weltsicht

Was erwartet man, wenn ein spiritueller Lehrer eine neue Pädagogik begründet?

Die Gründung der Waldorfschule fing an mit einem Paukenschlag. Gleich zu Beginn des Vorbereitungskurses sprach Rudolf Steiner mit seinen allerersten Worten an die neue Lehrerschaft über die Beziehung der künftigen Lehrerinnen und Lehrer zu denjenigen geistigen Wesenheiten, die in vielen Kulturen „Engel" genannt werden. Er erklärte den Lehrerinnen und Lehrern, dass das staatliche Schulsystem unter anderem auch deshalb der Natur des Kindes so wenig gerecht werde, weil man den inneren Bezug zu den Engeln und zu den Erzengeln völlig verloren habe. Das wolle man in der Waldorfschule von Beginn an anders machen.

Nun ist es für manche moderne Menschen schwer erträglich, wenn von Engeln und Erzengeln die Rede ist. Für viele ist das nichts anderes als naiver, kindlicher Wunderglaube, religiöses Wunschdenken oder spirituelles Geschwafel. Ich sehe das anders und möchte deshalb zum Verständnis dessen, was mit dem Ausdruck „Engel" gemeint ist, eine kleine Verständnisbrücke bauen.

In der Kategorienlehre des Aristoteles gibt es drei verschiedene „Substanzen" auf der Welt: Exemplare, Individualitäten und Gesetzmäßigkeiten. Der Terminus „Substanz" ist dabei nicht im Sinne eines chemischen Stoffes gemeint, sondern im Sinne der Prädikatenlogik: Es handelt sich um „Subjekte", über die man Aussagen machen kann. Über was auch immer wir sprechen in der Welt, es ist entweder ein Exemplar oder eine Individualität oder eine Gesetzmäßigkeit. Beispiel: Wenn wir diese Vase hier nehmen, so ist sie ein Exemplar. (Es gibt mehrere Exemplare des gleichen Typs.) Auch diese Blumen hier sind Exemplare. Anders ist das bei Ihnen, sehr verehrte Anwesende. Sie sind nicht nur ein Exemplar der Menschengattung (das sind Sie auch), aber Sie sind darüber hinaus eine Individualität. Das heißt: Sie sind nicht nur *einmalig* (jedes Exemplar ist einmalig), sondern sie sind *einzigartig*. Und in diesem Sinne sind Sie – als geistiges Wesen – eine Individualität. Neben Exemplaren und Individualitäten gibt es dann noch drittens die *Gesetzmäßigkeiten der Welt*, die über den Exemplaren und Individualitäten stehen und zugleich in ihnen wirksam sind. Alle Naturvorgänge und Naturwesen von der Amöbe bis zum Menschen und alle kosmischen Vorgänge sind Gesetzmäßigkeiten unterworfen. Nun ist es so, dass man Naturgesetze nicht mit Augen sehen kann. Wir können sie nur denken. Unser modernes Denken stützt sich dabei sehr stark auf die linke Gehirnhälfte. Wir erfassen die Welt im Lichte der linken Gehirnhälfte. Unser Bild von der Welt ändert sich aber sofort, wenn wir – zum Beispiel durch einen Unfall – keinen Zugriff mehr auf die linke Gehirnhälfte haben, sondern nur noch auf die rechte Gehirnhälfte zugreifen können. Die Welt sieht dann ganz anders aus.[38] Und noch anders sieht die Welt aus, wenn das Denken in sich so stark geworden ist, dass es sich so gut wie gar nicht mehr auf das Gehirn stützt. (Siehe dazu Kapitel 24 im Anhang.) In diesem Fall nehmen wir das Gleiche, was – gestützt auf die linke Gehirnhälfte – als *Gesetzmäßigkeit* gedacht wird, als *Wesenheit* wahr. Ein Beispiel:

Für die Griechen des mythologischen Zeitalters vor Homer gab es nicht die abstrakten Begriffe „Zeit“ und „Raum“. Die alten Griechen haben aufgrund ihrer anderen Konstitution dasjenige, was wir mit der Brille der linken Gehirnhälfte als *Zeit* und *Raum* denken, als Wesenheiten erfasst, nämlich als die Gottheiten *Chronos* und *Zeus*. Diese Gottheiten waren keine Auswüchse einer kindlichen Fantasie. Sie wurden ganz real erlebt. Es gibt sie, denn es gibt Raum und Zeit (selbst dann, wenn man sie – wie Kant – als transzendentale Bedingungen der Möglichkeit von Perzeption ansieht). Im Laufe der Geschichte änderte sich die körperliche und seelische Konstitution und damit das Bewusstsein der Menschen. Das Denken verband sich mehr und mehr mit der linken Gehirnhälfte und dadurch verdämmerte das Erleben der Gottheiten und Engel. Götterdämmerung eben. Das rational-diskursive Bewusstsein entstand – und wurde dadurch frei. Denn wenn die Göttin Athene (das Wesen der Weisheit) dem Helden Perseus sagt, wie er das Haupt der Medusa gewinnen könne, dann ist es schwer vorstellbar, dass sich Perseus davon distanziert und sagt: „Nein Danke. Ich überleg‘s mir noch mal.“ Das Erscheinen einer Gottheit hatte etwas Zwingendes. Für das rationale Erfassen der Welt hört dieser Zwang auf. Deshalb war der Wandel vom mythologischen zum diskursiven Bewusstsein ein enormer Fortschritt zur Freiheit des Menschen.

Das neuzeitliche Bewusstsein kann keine Engel wahrnehmen. Es funktioniert mit der linken Gehirnhälfte nicht. Sie ist dafür ungeeignet. Mit der linken Gehirnhälfte machen wir uns die denkend erfassten Gesetzmäßigkeiten im Kosmos und in allen Naturreichen bewusst. Im leibfreien Denken (Vgl. Kapitel 24) erscheint hinter dem, was Gesetzmäßigkeiten sind, als hohe *Wesenheiten*, die viele Kulturen als Engel, Erzengel, Archai, bis hinauf zu den Seraphim und Cherubim beschrieben haben und andere Kulturen als Götter. Es sind – in der Terminologie der Kategorienlehre des Aristoteles – Substanzen des dritten Typs. Alles, was nicht Eigenschaft ist, ist entweder ein Exemplar oder eine Individualität oder eine Hierarchie. Aber ob wir etwas als Gesetzmäßigkeit erfassen oder als Seraphim, das hängt von dem „Filter" ab, durch den wir die Welt erleben. Überspitzt formuliert: Sage mir, mit welchen Gehirnpartien du vornehmlich denkst, und ich sage dir, ob es für dich Götter gibt oder Begriffe.

Dazu noch ein kulturgeschichtlicher Hinweis: Die alten Ägypter, die Bauwerke von einer atemberaubenden mathematischen Präzision gebaut haben, haben bei der Balsamierung eines Pharaos oder seines Baumeisters alle Organe sorgfältig in sogenannten Kanopen-Krügen aufbewahrt. Alle Organe waren heilig – bis auf das Gehirn. Das Gehirn haben sie weggeschmissen. Es hatte für sie keinen Wert, obwohl sie mit ihrem Denken enorme mathematische und astronomische Leistungen erbrachten. Die Ägypter wussten: „Wir denken nicht mit dem Gehirn. Das Gehirn macht uns nur unsere Gedanken bewusst."

Das moderne naturwissenschaftliche Bewusstsein hat inzwischen sechs Jahrhunderte Zeit gehabt, um sein Selbstbewusstsein zu stabilisieren. Die modernen Naturwissenschaften wurden zu Zeiten von Galilei und Giordano Bruno verfolgt. Sie waren Opfer. Inzwischen werden sie – ein bekanntes Muster – vom Opfer zum Täter. Wer von Engeln und Zwergen spricht, kann auf dem Scheiterhaufen der Verspottung der Lächerlichkeit preisgegeben werden. Aber das naturwissenschaftliche Weltbild sollte es eigentlich nicht mehr nötig haben, in einem totalitären Drang ausschließlich die eigene Sichtweise gelten zu lassen und alles andere in Bausch und Bogen zu diffamieren. Vielleicht war das eine Zeitlang nötig. Aber inzwischen zeugt es von einer unbewussten Verunsicherung. Wer souverän in sich ruht, kann anderes gelten lassen, ohne die eigene Position bedroht zu fühlen. Wer in sich ruht, braucht keinen Totalitätsanspruch. Er weiß, dass er durch andere Perspektiven nur gewinnen kann. Kulturhistoriker wie Jean Gebser (1905–1973) oder der Philosoph Paul Feyerabend (1924–1994) haben das eindrucksvoll beschrieben.[39] Es gibt etwas Besseres als das „Nur meine Sicht ist richtig." Diese Haltung macht es sich leicht. Sehr viel anspruchsvoller ist es, die verschiedenen Sichtweisen zu integrieren. Statt Monokultur mit einem Alleinherrschaftsanspruch durchzusetzen, ist es fortschrittlicher, eine polyperspektivische und integrative Sicht zu erarbeiten.

Vor diesem Hintergrund muss sich niemand empört entsetzen, wenn Rudolf Steiner vor den ersten Lehrerinnen und Lehrern von Engeln oder Archai sprach. (Siehe dazu auch den Anhang.) Wer trotzdem damit Schwierigkeiten hat, der kann sich ja die Termini übersetzen in „die besten Potentiale eines Menschen" und „die besten Potentiale einer Zeit." Damit zu arbeiten, gehört allerdings ganz entschieden zu dem, was Waldorf wirklich will. Das zu diffamieren ist leicht. Sehr leicht sogar. Das ernst zu nehmen und auf dieser Grundlage bei gleichzeitig rationalem Bewusstsein zu arbeiten, verlangt schon etwas mehr. Und darum ging es und darum kann es immer noch gehen. Und nun Steiners Ansprache an die designierten ersten Lehrerinnen und Lehrer:

„Meine lieben Freunde, wir kommen mit unserer Aufgabe nur zurecht, wenn wir sie nicht bloß betrachten als eine intellektuell-gemüthafte, sondern als eine im höchsten Sinne moralisch-geistige; und daher werden Sie es begreiflich finden, dass wir, indem wir heute diese Arbeit beginnen, uns zunächst besinnen auf den Zusammenhang, den wir gerade durch diese unsere Tätigkeit gleich im Anfang herstellen wollen mit den geistigen Welten. Wir müssen uns bewusst sein bei einer solchen Aufgabe, dass wir nicht arbeiten bloß als hier auf dem physischen Plan lebende Menschen; diese Art, sich Aufgaben zu stellen, hat gerade in den letzten Jahrhunderten besonders an Ausdehnung gewonnen, hat fast einzig und allein die Menschen erfüllt. Unter dieser Auffassung der Aufgaben ist das aus Unterricht und Erziehung geworden, was eben gerade verbessert werden soll durch die Aufgabe, die wir uns stellen. Daher wollen wir uns im Beginne dieser unserer vorbereitenden Tätigkeit zunächst darauf besinnen, wie wir im einzelnen die Verbindung mit den geistigen Mächten, in deren Auftrag und Mandat jeder einzelne von uns gewissermaßen wird arbeiten müssen, herstellen.“ (GA 293, 17)

Es folgte dann – wie Steiner es nannte – eine „Art Gebet“: Eine Besinnung auf das Verhältnis jedes einzelnen Lehrers zu seinem Engel sowie auf das Verhältnis der Lehrergemeinschaft zu den Erzengeln und Archai. Rudolf Steiner bat damals darum, dass nicht mitgeschrieben wird, während er darstellte, wie durch die Arbeit der Engel eine geistige Schale entstehen

kann. (Man kann deshalb von einer „Schalen-Imagination“ sprechen.) Einige Kolleginnen und Kollegen haben später aus dem Gedächtnis aufgeschrieben, was sie in Erinnerung behalten haben. Herbert Hahn, einer der Gründungslehrer, hat im Kollegium der ersten Waldorfschule in Stuttgart die „Schalenimagination“ lange Zeit mündlich anhand seiner Aufzeichnungen vorgetragen – noch über die Zeit seiner Pensionierung hinaus. Irgendwann baten die Kolleginnen und Kollegen ihn, seine Gedächtnis-Mitschrift von 1919 dem Kollegium zur Verfügung zu stellen. Herbert Hahn hat das gemacht. Noch später stellte dann das Stuttgarter Kollegium die Schalenimagination der gesamten Schulbewegung zur internen Veröffentlichung zur Verfügung. Jahrzehnte lang konnten die Texte nur individuell weitergereicht und von Hand abgeschrieben werden, bis dann schließlich die Mitschriften in die Buchausgaben der „Allgemeinen Menschenkunde“ aufgenommen wurden.
Es ist eine besondere Herausforderung, diese Texte trotz der leichten Zugänglichkeit mit dem gleichen Respekt zu behandeln, wie dieser sich beim Brauch des „Abschreibens“ fast von selbst einstellte. Beim folgenden Text handelt es sich um die Gedächtnisnachschrift von Caroline von Heydebrand:

„Wir wollen unsere Gedanken so gestalten, dass wir das Bewusstsein haben können:
Hinter jedem von uns steht sein Engel, ihm die Hände sanft aufs Haupt legend; dieser Engel gibt euch die Kraft, die ihr braucht.
Über Euren Häuptern schwebt der Reigen der Erzengel. Sie tragen von einem zum andern, was einer dem andern zu geben hat. Sie verbinden eure Seelen. Dadurch wird Euch der Mut, dessen Ihr bedürft. (Aus dem Mut bilden die Erzengel eine Schale.)

Das Licht der Weisheit wird uns geschenkt von den erhabenen Wesenheiten der Archai, welche sich nicht im Reigen abschließen, sondern aus Urbeginnen kommend sich offenbaren und in Urfernen verschwinden. Sie ragen nur wie eine Tropfenform hinein in diesen Raum. (In die Schale des Mutes hinein fällt von dem wirkenden Zeitgeist ein Tropfen des Zeitenlichtes.) (GA 269, 155)

Das Bewusstsein, das eigene Tun nicht nur vor Menschen, sondern auch vor geistigen Wesen zu verantworten und mit diesen zusammenzuarbeiten, war für die ersten Lehrerinnen und Lehrer von allergrößter Bedeutung. Hier lag für sie das innere geistige Zentrum ihrer pädagogischen Arbeit. Walter Johannes Stein notierte sich nach dem Eröffnungsvortrag:

„*Die Götter werden mit dem weiterarbeiten, was aus unserem Tun wird.*“ (GA 269, 238)

An vielen Schulen wurde die Schalen-Imagination in ungezählten Konferenzen zu deren Beginn und Ende verlesen, um die Lehrerschaft daran zu erinnern, in diesem Bewusstsein zu arbeiten. Darüberhinaus haben ungezählte Lehrer in ihrer täglichen Unterrichtsvorbereitung für die Arbeit in der Schulstube dieses Bewusstsein wach zu halten gesucht. Das heißt: Sie haben versucht, nicht nur den Eltern und dem Vorstand gegenüber verantwortlich zu sein, sondern auch den Engeln. Denn das hatte Rudolf Steiner klar ausgesprochen: „*Daher wollen wir uns im Beginne dieser unserer vorbereitenden Tätigkeit zunächst darauf besinnen, wie wir im einzelnen die Verbindung mit den geistigen Mächten,* **in deren Auftrag und Mandat jeder einzelne von uns gewissermaßen wird arbeiten müssen**, *herstellen.*“ (GA 293, 17)

Am 9. September 1919, zwei Tage nach der Eröffnung der ersten Waldorfschule, versammelte Steiner die zwölf Lehrerinnen und Lehrer der Schule. Die Lehrer gaben damals vor sich selbst und Rudolf Steiner gegenüber ein Versprechen ab, mit den Hierarchien bewusst zusammenarbeiten zu wollen. Caroline von Heydebrandt notierte, was Steiner den Lehrern ans Herz legte:

„Abends vor eurer Meditation bittet die Engel, Erzengel und Archai, dass sie euch helfen mögen bei Euerem Werk am nächsten Tage. Morgens aber nach der Meditation möget Ihr Euch verbunden wissen mit den Geistern der dritten Hierarchie.“ [40]

Und weiter: *„Dr. Steiner ging um den Tisch herum, gab jedem die Hand und blickte ihn lange mit dem größten ergreifenden Ernst an.“* Walter Johannes Stein empfand diesen Handschlag wie ein Versprechen. Er notierte in seinen Aufzeichnungen: *„Dr. Steiner lässt sich in die Hand versprechen, dass wir so zusammenarbeiten wollen.“* [41]

Aus dieser Art der spirituellen Arbeit floss den damaligen Lehrerinnen und Lehrern diejenige Kraft zu, die es ihnen ermöglichte, die Schule unter den denkbar schwierigsten historischen Umständen aufzubauen. Und noch heute ist es so, dass diejenigen, die aus freiem Entschluss mit den geistigen Wesen zusammenarbeiten, in dieser Zusammenarbeit das innere Zentrum ihrer Verantwortlichkeit erleben und sich umgekehrt dadurch getragen wissen. Steiner lag es zutiefst am Herzen, dass die Lehrer diese Zusammenarbeit so konkret wie nur möglich suchen. Hier sah er auch eine der wichtigsten Kraftquellen für die außerordentlich anstrengende Arbeit als Lehrer. Steiner verglich die Konferenzen des Kollegiums mit dem Herz-Organ des Menschen. Das Entscheidende aber ist, dass das pädagogische Blut, das durch die einzelnen Lehrer und durch ein Kollegium fließt, genug Sauerstoff enthält. Wenn wir harte Arbeit leisten müssen, aber unser Blut nicht genug Sauerstoff enthält, ist massive Erschöpfung unvermeidlich. Eine der wichtigsten Voraussetzung zur Vermeidung von Erschöpfung ist genügend Sauerstoff im Blut. Der griechische Ausdruck für die Luft mit ihrem Sauerstoff ist „Pneuma". Es ist auch das Wort für „Geist". Je mehr echten, lebendigen Geist die menschliche Seele aufnimmt, desto mehr „Sauerstoff" ist im seelisch-pädagogischen Blut und desto mehr kann man leisten ohne in die völlige Erschöpfung zu geraten. Die Ursache für physische Erschöpfung in großer Höhe ist zu wenig Sauerstoff im Blut. Die Ursache für Erschöpfung des Pädagogen ist zu wenig geistiger Sauerstoff (Pneuma) im pädagogischen Blut. Und auch deshalb lag Steiner so viel daran, dass die Lehrerinnen und Lehrer so konkret wie nur möglich mit dem Geist zusammenarbeiten.

Wer tatsächlich über einen längeren Zeitraum täglich mit der Schalen-Imagination gearbeitet hat, wird das bestätigen können. So wie es eine der wichtigsten Voraussetzungen für physische Arbeit ist, dass genug Sauerstoff durch entsprechend viele rote Blutkörperchen im Blut vorhanden ist, so ist es eine der wichtigsten Voraussetzungen für die pädagogische Arbeit, dass genügend „Pneuma" durch die pädagogischen Adern fließt. Mit anderen Worten: So wie unser Körper eine gesunde Lunge braucht, in der der Kohlenstoff abgegeben und der Sauerstoff aufgenommen wird, so benötigt auch ein Kollegium nicht nur ein gesundes Herz-Organ, sondern ebenso eine gesunde Lungenorganisation, durch die jeder Einzelne und ein Kollegium als Gemeinschaft so konkret wie nur möglich *die Berührung mit dem Geist* sucht, so wie das Blut die Begegnung mit dem Sauerstoff sucht und ihn dann, ermutigt durch das Herz, dorthin trägt, wo er gebraucht wird: Zu den Kindern in den Klassenzimmern.

⋆

Für die Arbeit mit der Schalenimagination ist die heutige Größe vieler Kollegien eine besondere Herausforderung. 1919 waren es nur zwölf Lehrerinnen und Lehrer. Herbert Hahn hatte die Worte Steiners so notiert:

„*Stellen Sie sich vor, wie hinter jedem einzelnen von Ihnen sein Engel steht.*“[42]

Wenn ich mir heute willentlich den Engel nicht nur hinter mir selbst, sondern vor allem hinter jeder einzelnen Kollegin und jedem einzelnen Kollegen visualisieren will, so ist das bei einem 50 oder gar mehr als 100 Menschen umfassenden Kollegium kaum auf täglicher Basis zu leisten. Ich habe deshalb versucht, Tag für Tag bewusst wenigstens *eine* Kollegin oder *einen* Kollegen oder in manchen Phasen auch drei bis vier Kollegen geistig vor mir zu sehen und mir bildhaft vorzustellen, wie ihr Engel *sie* unterstützen will – nicht nur mich. Auf Dauer hat dies eine bescheidene kollegiale Wirkung, vor allem wenn man von Natur aus sozial nicht sonderlich begabt ist. Man durchdringt das Kollegium mit ein wenig mehr Bewusstsein. Aber nicht nur das. Ich habe erlebt, wie viele gute pädagogische Ideen ich in Wahrheit durch die Kolleginnen und Kollegen erhalten habe und gar nicht so sehr mir selbst verdanke.

Die Schalen-Imagination am Beginn der Begründung der neuen Pädagogik macht deutlich, welche Aufgabe der Lehrer-Gemeinschaft ursprünglich zugedacht war: Durch willentliche, spirituelle Zusammenarbeit sollte das Kollegium auch mit dem wahren Zeitgeist zusammenarbeiten. Ein Kollegium *kann* dann zu einer Menschengemeinschaft werden, die gleichsam zum Organ für denjenigen Geist wird, den Steiner „den guten Geist unserer Zeit" nannte.

So war es zumindest gedacht.

14 Die Erfindung *neuer* Methoden

Das Triptychon pädagogischer Wirksamkeit

Es gibt in der Erziehungskunst Rudolf Steiners hunderte Methoden und neben ihnen eine besondere: Die Methode zur Erfindung neuer Methoden. Diese Methode zur Erfindung neuer Methoden dürfte für die pädagogische Praxis im 21. Jahrhundert besonders wichtig werden, weil radikal veränderte Lebenswelten ganz neue Ansätze erfordern.

Grundsätzlich gibt es drei Quellen pädagogischer Wirksamkeit:

Erstens: Pädagogische Wirksamkeit durch die Anwendung von Prinzipien und probaten Mitteln.
Zweitens: Pädagogische Wirksamkeit durch die Persönlichkeit der Lehrerin oder des Lehrers.
Drittens: Pädagogische Wirksamkeit durch die Erfindung des Neuen für den individuellen Fall.
Aus diesen drei Quellen besteht das Triptychon pädagogischer Wirksamkeit.

Was Waldorf wirklich will, besteht also nicht nur aus einer Summe von Prinzipien oder Leitlinien. Das wäre ein Missverständnis. Prinzipien und Grundsätze sind gleichsam die Sedimentgesteine, die aus einem Prozess entstanden sind. Aber sie sind nicht der Prozess. Rudolf Steiner hat das den ersten Lehrern ans Herz gelegt. Am 15. September 1920, ein

Jahr nach der Eröffnung der ersten Schule, erklärte er es ihnen:

„Nun haben Sie ja im vorigen Jahr gesehen, das sich unsere Pädagogik nicht auf abstrakte Erziehungsgrundsätze aufzubauen hat, auf dieses oder jenes, was da gesagt werden kann, zum Beispiel: (...) man solle die Individualität des Kindes entwickeln und so weiter. Sie wissen, dass unsere pädagogische Kunst sich aufbauen soll auf ein wirkliches Zusammenfühlen mit dem kindlichen Wesen, dass sie sich aufbauen soll in weitestem Sinne auf eine Erkenntnis des werdenden Menschen.“ (GA 302 a, 31)

Vier Jahre später in Bern 1924:

„Wenn man dem Menschen, namentlich dem werdenden Menschen, dem Kinde, wie ich schon sagte, gegenübertritt, kann man nicht auskommen damit, dass man gewisse Regeln hat darüber, wie es gut ist, zu erziehen und zu unterrichten, und dann sich etwa nach diesen Regeln richten will, wie man die Sache in der Technik tun kann. Das führt niemals zu einer wirklichen Schulpraxis. Zur Schulpraxis braucht man im Handhaben des Unterrichts, im Handhaben der Erziehung inneres Feuer, inneren Enthusiasmus; man braucht Impulse, die nicht verstandesmäßig nach Regeln von dem Lehrenden und Erziehenden auf das Kind übergehen, sondern die in intimer Weise hinüberwirken von dem Erziehenden oder Lehrenden auf das Kind. Der ganze Mensch muss als Erzieher wirken, nicht bloß der denkende Mensch; der fühlende Mensch muss es, der wollende Mensch muss es.“ (GA 309, 9)

Das Erziehen aus Grundsätzen und Prinzipien war also gerade **nicht** das, was Waldorf wirklich will. Grundsätze und

Prinzipien – so Steiner – seien nämlich die Ergebnisse eines gedanklichen Verdauungsprozesses. Und um zu verdeutlichen, was das heißt, gab Steiner den Lehrerinnen und Lehrern einen einprägsamen Vergleich. Man könne, so sagte er, die Nahrungsmittel, *„welche die Außenwelt liefert, (...) essen und verdauen; man würde sich aber nicht mehr gut ernähren, wenn man ein vom Menschen bis zu einem gewissen Grade bereits verdautes Produkt als Speise aufnehmen würde. (...) So ist es auf einem höheren Gebiet auch, zum Beispiel auf dem Gebiet der Pädagogik, der Erziehungskunst. (...) Wenn man Pädagogik als Wissenschaft lernt, bestehend in allerlei Prinzipien und formulierten Sätzen, so bedeutet das für die Erziehungskunst ungefähr dasselbe, wie wenn man in Bezug auf die Ernährung bis zu einem gewissen Grad verdaute Nahrungsmittel sich zu seiner Ernährung auswählte."* (GA 302a, 41)

Das ist freundlich formuliert: Pädagogische Prinzipien aufnehmen heißt, dass man sich von bereits Verdautem ernähren will. Man könnte das auch vulgär ausdrücken, wenn es nicht taktlos wäre. Steiner ging es gerade darum, dass nicht Grundsätze und Prinzipien angewendet werden, sondern dass man den Menschen so tief erkennt und sich so tief in diese Erkenntnis ein*fühlt*, dass daraus immer ganz neue pädagogische Ideen entstehen:

„Wenn man (...) die Erkenntnis vom Wesen des Menschen lernend sich aneignet und so den Menschen verstehen lernt, dann nimmt man dasjenige auf, was dem entspricht, was die Natur als Nahrungsmittel gibt. Und im Handhaben des Unterrichtes erwacht uns dann aus dieser Menschenerkenntnis heraus immer ganz individuell die pädagogische Kunst selber. Die muss in jedem Augenblick durch den

Lehrer im Grunde genommen erfunden werden.“ (GA 302 a, 41) Im Unterschied dazu hätten Grundsätze, Kernpunkte und Leitlinien kaum einen praktischen Wert. *„Das Wissen, das man in abstrakte Grundsätze fassen kann, (…) kann keinen praktischen Wert haben. Einen praktischen Wert hat nur dasjenige, was erst zu diesem Wissen hinführt, was erst auf dem Wege zu diesem Wissen ist.“* (GA 302 a, 42)

Dieser Weg ist das Studium des Menschen, aber ein Studium, das möglichst stark das *Gefühl* ergreift und nicht abstraktes Wissen bleibt. Steiner erinnerte deshalb sein Kollegium vor dem Beginn des zweiten Schuljahres an den Anfangskurs von 1919, in dem er in 14 Vorträgen das Wesen des Menschen in den verschiedensten Aspekten entwickelt hat:

„Und wir haben ja bei dem ersten Kurs und dann später bei den Lehrerkonferenzen genugsam über das Wesen des werdenden Menschen zusammengetragen. Wenn wir uns einlassen können als Lehrer auf dieses Wesen des werdenden Menschen, so sprosst uns aus der Erkenntnis dieses Wesens des werdenden Menschen schon auf, wie wir verfahren sollen. Wir müssen in dieser Beziehung als Lehrer zu Künstlern werden.“ (GA 302 a, 17)

Mit anderen Worten: Es geht im Kern *nicht* darum, dass man als Waldorflehrer der ausführende Arm eines vorgegebenen Lehrplans, einiger tradierter Methoden und einiger Leitlinien ist. Das wäre eine Selbstverzwergung des Lehrers. Steiner wollte den *aus Menschenerkenntnis* kreativen, erfinderischen Lehrer.

„*Was der Erzieher tut*", so Steiner in einem 1919 veröffentlichten Aufsatz, das sollte nur *„in geringem Maße davon abhängen, was in ihm durch allgemeine Normen einer abstrakten Pädagogik angeregt ist."* (GA 24, 86) Sondern der Erzieher *„muss (...) in jedem Augenblicke seines Wirkens aus lebendiger Erkenntnis des werdenden Menschen heraus neu geboren sein."* (24,86)

Das ist es, was „Waldorf" *wirklich* will. Genauer: Es ist dasjenige, was ursprünglich intendiert wurde. Es ist so radikal neu, dass man erschrickt. Steiner ermutigte deshalb:

„Wenn Sie aber anthroposophische (=menschen-weisheitsvolle; V.W.) Menschenkunde treiben, wie die Leitlinien dazu geliefert werden, wie wir es jetzt hier zu betrachten pflegen, *dann fährt in Sie selbst das pädagogische Talent; denn dazu haben viel mehr Menschen Anlage, als Sie denken.* Und dann eignen Sie sich auch gewisse Dinge an, die gerade dem Lehrer eigen sein müssen, wenn er ein *richtiger* Lehrer sein will." (302 a, 68 f.)

Zwischenfrage: „Kann dann nicht jeder machen, was er will?"

Nein, kann er nicht. Was Waldorf wirklich intendiert, ist zwar eine *intuitive Pädagogik*, aber in einem speziellen Sinn. Es geht um eine intuitive Pädagogik, deren Intuitionen aus einem vertieften Studium des Menschen kommen. Es geht nicht um Einfälle, die aus den persönlichen „inneren Karten" und den persönlichen Vorlieben und Steckenpferden stammen, die man über die eigene Sozialisierung erworben hat. „Intuitiv" ist nicht per se ein pädagogisches Gütesiegel. Man kann „intuitiv" auch auf die Idee verfallen, einem Kind „verbal eine zu scheuern" und hinterher das noch damit rechtfertigen, dass das Kind das gebraucht hätte. Es sei die richtige Intuition gewesen, heißt es dann. Wirklich? Ich bezweifle das zutiefst. Die Quelle dieser „Intuition" dürfte in den allermeisten Fällen der Frust in der Seele des Lehrers sein. Und seinen Frust am Kind auszulassen und dann als „Intuition" auszugeben, ist schlimmster pädagogischer Etikettenschwindel. Mit anderen Worten: Es hängt alles davon ab, aus welcher Quelle die pädagogische Intuition kommt. Aus den persönlichen Hobbies und Steckenpferden? Aus der Laune? In der Steinerschen Erziehungskunst kommt sie aus den „Grundfesten der Erkenntnis". Tut sie das nicht, läuft sie tatsächlich Gefahr, subjektive Willkür zu sein. Steiner litt darunter, wenn in die Waldorfpädagogik Impulse hereingetragen wurden, die nicht aus Menschenerkenntnis kamen, sondern aus persönlichen Interessen.[43] Meine persönliche Erfahrung: Im Laufe der Zeit lernt man *bei sich selbst* unterscheiden, aus welcher Quelle ein pädagogischer Einfall kommt. Ich brauche dazu keinen äußeren Richter, denn mit der Arbeit an der Menschenkunde bildet sich ein neues pädagogisches Gewissen aus. Also: Keine Angst vor Fehlern. Die korrigieren sich im Laufe der Zeit, je mehr das menschenkundliche Verständnis wächst.

Wie verhält es sich dann mit allgemeinverbindlichen methodischen Standards und Bildungsstandards?

Seit Bologna und PISA ist man dermaßen stark auf Standards hin konditioniert, dass man versucht hat, auch die Waldorfpädagogik auf bestimmte Prinzipien und Lehrpläne festzunageln. Hier ist zu unterscheiden: Solange man das tut, weil es vom Staat verlangt wird, kann man es akzeptieren. Selbstverständlich sind den staatlichen Behörden von Seiten der Waldorfschulen klare Bildungsziele und Lehrpläne vorzulegen. Ich zitiere Ihnen dazu eine berühmte Parabel aus dem Neuen Testament. Eines Tages fragten die Jünger ihren Meister Jesus, ob sie Steuern zahlen sollten. – Es ist verständlich, dass sie diese Frage hatten: „Was *wir* wollen ist so grundstürzend anders und neu, dass es überhaupt nicht zu der römischen Besatzungsmacht in Syrien passt. Sollen wir uns also gegen den Staat wenden? Sollen wir ihn boykottieren und keine Steuern zahlen?" Die Antwort des Jesus ist bekannt. Er ließ sich eine Münze zeigen. „Was seht ihr auf der Münze?" „Das Bild des römischen Kaisers." „Also gebt dem Kaiser, was des Kaisers ist." Das heißt: „Selbstverständlich zahlen wir Steuern. Denn wir benutzen die Straßen und viele andere Einrichtungen dieses Staates und deshalb zahlen wir auch Steuern. Was wir an innerem Neuaufbau errichten wollen, ist davon unberührt. Gebt dem Kaiser, was des Kaisers ist und Gott, was Gottes ist." Übertragen auf die neue Pädagogik heißt das: „Selbstverständlich geben wir dem Staat all das, was er von uns verlangt, die Lehrpläne genauso wie die Abiture, denn wir erhalten von ihm das Geld. Aber das, was wir aufbauen wollen an neuer Pädagogik, ist davon unberührt. Das müssen wir aufzubauen versuchen auch unter den Rahmenbedingungen des Staates."

Den schweizerischen Lehrern erklärte Steiner sogar, dass sie auch an den Staatsschulen damit anfangen könnten, aus Menschenkunde pädagogisch zu arbeiten. Hunderte haben das getan. Denn die gute Botschaft lautet:

„Wenn Sie alle diese Dinge (aus der Menschenkunde) zusammenbringen und Meditationsvorstellungen sich daraus bilden, dann können Sie sicher sein, dass eines in Ihnen angeregt wird: Eine tiefe Erfindungskraft, die Sie brauchen, wenn Sie erziehend dem Kinde gegenüberstehen.“ (302 a, 51)

⋆

Sehr verehrte Anwesende, liebe Eltern, liebe Kolleginnen und Kollegen,

ich habe Ihnen an Beispielen dargestellt, was Waldorf wirklich will. Erst menschenkundliche Erkenntnis – dann pädagogische Maßnahmen.

Und damit möchte ich noch einmal zum Anfang zurück kehren und zwar zu Satz 3.

„Das Kind erkennen wollen – aus Liebe zum Kind,
neue Methoden erfinden – aus Liebe zum Kind,
neu erfundene Methoden anwenden – aus Liebe zum Kind –
das ist, was Waldorf wirklich will.“

Für Steiner ist das Bemühen um Erkenntnis der Menschennatur auch ein Liebesbeweis. Aus Liebe zu den Kindern will man sie besser verstehen. (Und umgekehrt: Sich *nicht* darum bemühen, die Natur des Menschen besser zu verstehen, ist immer auch ein Mangel an Liebe zu den Kindern.) Auch das Erfinden von neuen Methoden geschieht in der Pädagogik aus Liebe zu den Kindern und ist deshalb etwas anderes als in der Technik. Neue Techniken werden nach Möglichkeit sofort patentiert, weil es darum geht, die Erfindung für den Erfinder wirtschaftlich nutzbar zu machen. Neue Erfindungen in der Erziehungskunst Rudolf Steiners werden aus Liebe zum einzelnen Kind erfunden. Man kann sie nicht patentieren und man will das auch nicht.

Steiner sagte zu den ersten Lehrern noch etwas Ungewöhnliches: Sie sollten auch die *Anwendung* der Methoden lieben. Ich habe mich gefragt, wie ich das verstehen kann.

Meine Erfahrung: Jede für ein einzelnes Kind aus Menschenkunde gewonnene neue Methode ist ja gar nicht so sehr *meine* Erfindung und *meine* Leistung. Sie ist ein Geschenk aus der Ideenwelt. Ich durfte sie nur empfangen. Aber der empfangenen Idee gegenüber entsteht ein Gefühl der Dankbarkeit und auch der Liebe. Und aus diesem Dankbarkeitsgefühl entstehen dann auch die Kraft und der Enthusiasmus, dasjenige mutvoll umzusetzen, was man sich vorgenommen hat.

An Ihrer Schule hier vor Ort versuchen Sie gerade, ein neues Oberstufenkonzept zu erarbeiten. Im Kollegium haben wir uns deshalb heute Nachmittag damit befasst, was mit dem Herzorgan eines Jugendlichen während der Pubertät geschieht, damit wir das auch berücksichtigen, wenn wir neue Unterrichtsinhalte und neue Praktika einrichten. Und auch, damit wir aus dieser Beschäftigung mit dem sogenannten „Freiwerden des Ätherherzens“ ganz neue Ideen für eine Neugestaltung der Oberstufe unter den Anforderungen von Industrie 4.0 gewinnen. Ich wünsche Ihnen dazu für den weiteren Prozess von ganzem Herzen alles Gute und Gottes Segen.

Teil 3 Fragen

Es ist sogar das Allerwichtigste, was beim Lehrer vorhanden sein muss, die Weltanschauung, die Lebensauffassung; allerdings nicht dasjenige, was man gewöhnlich heute unter Weltanschauung versteht, denn das ist etwas durch und durch Theoretisches, sondern etwas, was wie eine Seelenkraft in das ganze tätige Wesen des Menschen, also auch des erziehenden Menschen übergehen kann.

Rudolf Steiner, Stuttgart, 10. April 1924 (GA 308)

15 Was will Waldorf wirklich?

Warum von der Antwort Sein oder Nichtsein der Schulen abhängt

Frage: Ist es wirklich so wichtig, was man unter „Waldorf" versteht? Kann nach 100 Jahren nicht jeder für sich selbst definieren, was er darunter verstehen möchte? Muss es unbedingt die eine Definition geben?

An der Frage, was man unter „Waldorf" versteht, hängt viel mehr als man ahnt. Wie jeder Einzelne und wie jede einzelne Schule und wie einzelne Schule die Frage beantwortet, ist eine freie Entscheidung. Aber die Konsequenzen sind gravierend. Langfristig betreffen sie Sein oder Nichtsein.

Ich möchte Ihnen dazu aus der ersten Waldorfschule in Stuttgart eine historische Begebenheit erzählen. Dort fand am 4. Februar 1936 ein Gespräch statt zwischen Emil Molt, dem Gründer der Schule, und Leo Tölke, einem Vater, der zum strammen Nazi mutiert war. Leo Tölke fand das, was er von der Waldorfschule damals kennen konnte, sehr gut und er bot sich an, sich für den Fortbestand der Schule bei den Nazi-Offiziellen einzusetzen. Freilich, so Tölke, in einigen Punkten müsse die Schule den Nazis entgegen kommen. Der wichtigste Punkt: Der Anthroposoph Emil Molt müsse aus dem Vorstand zurücktreten und seinen Vorstandsvorsitz abgeben. Dann wäre der Weg frei für einen Fortbestand der Schule unter Nazi-Vorzeichen. Über diese Frage kam es zu einem dramatischen Strategiegespräch zwischen Emil Molt und Tölke.

Der damalige Schulleiter, Graf Bodmer, war mit anwesend und hat das Gespräch protokolliert:

Tölke: Mein Bestreben ist, die Waldorfschule als staatliche Versuchsschule mit der ausgesprochenen Pädagogik Rudolf Steiners bestehen zu lassen.
Molt: Was hindert daran, sie so wie bisher weiter bestehen zu lassen?
Tölke: Die Regierung hat mehr Entgegenkommen erwartet, insofern als die Waldorfschule der allgemeinen Erziehung sich mehr anpasst. Wenn so etwas erfüllt wird, wie die Änderung des Vorstands des Waldorfschulvereins, dann ist die Grundlage gegeben, dass die Schule als Waldorfschule erhalten bleibt. Wir, besonders ich, sind Ihnen außerordentlich dankbar für alles, was Sie getan haben: Jetzt aber wäre die Möglichkeit gegeben, die Dankbarkeit noch zu erhöhen dadurch, dass Sie den Vorsitz abgeben.
Molt: Ich möchte sagen: Den Dank, Dame, begehre ich nicht: Für mich ist das Entscheidende, wie ich mich Dr. Steiner verpflichtet fühle und der geistigen Welt gegenüber. (...) Die Waldorfschule ist ein Geschenk aus der geistigen Welt. (...) Ich war nur das Werkzeug dazu – als solches bleibe ich auf meinem Posten. (...) Man kann doch die Waldorfpädagogik nicht von der Anthroposophie trennen.
Tölke: (...) Glauben Sie, dass man zur Ausübung dieser Pädagogik Anthroposoph sein muss?
Molt: Ja! Äußerlich nachmachen kann man die Pädagogik doch nicht. Die kann man doch nur *richtig* ausüben, wenn man anthroposophischer Lehrer ist. Ohne das kann man nie diese Pädagogik haben.[44]

Vier Monate später, am 11. Juni 1936, verstarb Emil Molt. Zwei Jahre später, am 30. März 1938, wurde die Stuttgarter Schule von den Behörden geschlossen. (Es war zugleich der 13. Todestag von Rudolf Steiner.) Von Molts Antwort hing das Sein der Schule ab. Sein Bekenntnis zur Anthroposophie und zur Mission der Waldorfpädagogik führte zur Schließung der Schule durch die Nazis. Molt ließ sich nicht verbiegen. Molt ließ sich auch nicht die Mission der Waldorfschule verbiegen. Man stelle sich vor, was geschehen wäre, wenn Molt anders gehandelt hätte. Man stelle sich vor, man hätte damals „Waldorf" auf ein paar Methoden reduziert (zum Beispiel das Klassenlehrerprinzip, den Epochenunterricht und viel Kunst und Handwerk und noch ein paar Dinge mehr) und die Nazis hätten die Schule bestehen lassen oder sogar die benannten Methoden selbst übernommen. (Was hätte das nach 1945 für Konsequenzen gehabt?) Wäre Molt auf den Deal eingegangen, hätte die Schule in Stuttgart vielleicht äußerlich ein paar Jahre länger überlebt. Geistig hätte sie Selbstmord begangen. Das aber kam für Molt nicht in Frage. Seine Position war außerordentlich gradlinig.. Wenn man die Waldorfpädagogik in ihrer ganzen Tiefe nimmt und sie nicht nur auf ein paar leicht zu kopierende Prinzipien reduziert, dann geht das wirklich nicht ohne eine bestimmte innere Haltung und ein bestimmtes inneres Bemühen, nämlich um das Streben nach umfassender, tiefer, gründlicher Menschen-Selbsterkenntnis. „O Mensch, erkenne dich selbst" – und zwar nicht nur oberflächlich, sondern tief und gründlich. Die innere Haltung ist also ein Streben nach „Menschen-Weisheit". Als Homage an die antiken Wurzeln dieses Impulses nahm Rudolf Steiner dafür die griechischen Termini: Anthropos = Mensch und „Sophia" = Weisheit. Daher „Anthropos-sophia". Wenn man einmal alle Klischees über die Anthroposophie weglässt, dann ist der Ausdruck von der Sache her außerordentlich passend. Entsprechend geht es in der anthropo-sophischen Pädagogik darum, den Menschen und jedes einzelne Kind immer tiefer und besser zu erkennen, um daraus die pädagogischen Maßnahmen zu entwickeln. Und zweitens geht es um die Selbsterkenntnis des Lehrers, der sich und seine Wirkung auf das Kind immer gründlicher versteht und berücksichtigt.

Tatsächlich ist es ja so, dass man etliche Prinzipien der Waldorfschule leicht kopieren kann: Das Epochenprinzip, das Klassenlehrerprinzip, die zwei Fremdsprachen ab der ersten Klasse, den hohen Anteil an künstlerischen Fächern und wenn man wollte, auch viele Elemente des Lehrplans. Dazu braucht man wirklich keine Anthroposophie. Es genügte die Unterschrift eines Ministers und diese Elemente könnten in den staatlichen Schulen umgesetzt werden. In einigen Ländern ist das ja auch teilweise geschehen. Trotzdem sagte Molt: „Nachmachen kann man diese Pädagogik doch nicht." Mit anderen Worten: All das, was man leicht nachmachen kann, war für Emil Molt nicht das Wesentliche der Waldorfpädagogik. Das Wesentliche sah Molt in einer bestimmten Geisteshaltung, nämlich in einem pädagogischen Erkenntnisstreben und vor allem in einer begeisterten pädagogischen Praxis aus geistigem Erkenntnisstreben. Steiner selbst sah das genauso: Was er am meisten lobte, war die innere Haltung, aus der heraus die Lehrerinnen und Lehrer damals arbeiteten. Das Beste, was die damalige Waldorfschule zu bieten habe, sei gerade nicht das, was Journalisten beim Hospitieren an neuen Methoden beobachten konnten. „*Das Beste*", so Steiner am 24. Juni 1920 zum Kollegium, „*ist dasjenige, was hier in Anth-*

roposophie entwickelt wird, was sich in Ihren Gemütern, in Ihren Seelen, als der Geist der Waldorfschule entwickelt. Es ist wirklich im ersten Jahre dieser Geist in Ihren Seelen schon lebendig. Und es soll unser Bemühen sein (…) gerade diesen Geist in der Folgezeit weiter zu pflegen." (GA 269, 144)

Was Steiner darüber hinaus erwartete, war, dass man diesen Geist der Anthroposophie nicht verleugnet. Ein Verstecken der Anthroposophie aus dem Motiv, die Menschen nicht zu verschrecken, hielt er für „verlogen". Wörtlich:

„Man wird nicht sagen, bringen wir dorthin Waldorfpädagogik; wenn die Leute zuerst die Waldorfpädagogik sehen und nichts hören von Anthroposophie, dann gefällt ihnen die Waldorfpädagogik. Dann vielleicht kommen sie später, und weil ihnen die Waldorfpädagogik gefallen hat und sie erfahren, dass hinter der Waldorfpädagogik die Anthroposophie steht, dann gefällt ihnen die Anthroposophie auch. Oder: Man muss den Leuten zuerst die Praxis der Heilmittel zeigen, man muss ihnen zeigen, dass das richtige Heilmittel sind; dann werden die Leute das kaufen. Dann werden sie später einmal erfahren, da stecke die Anthroposophie dahinter, und dann werden sie auch an die Anthroposophie herankommen. Wir müssen den Mut haben, solch ein Vorgehen verlogen zu finden." (GA 233, 156f.)

Wenn man die Anthroposophie, also das Streben nach Menschenerkenntnis, aus der Waldorfpädagogik weglässt, hat man es nur noch mit einem Torso der Waldorfpädagogik zu tun. Das hat Emil Molt völlig richtig gesehen. Die Waldorfschule war ursprünglich gedacht als – wie Steiner es sagte – *„ein praktischer Beweis (…) für die Durchschlagskraft der anthroposophischen Weltorientierung.*" (GA 300a, 61)

Wenn man heute in den deutschen Waldorfschulen eine Umfrage bei den Lehrerinnen und Lehrern durchführen würde, würde vermutlich nur eine Minderheit die von Tölke gestellte Frage so beantworten wie Emil Molt. Für einen großen Teil der heutigen Lehrerinnen und Lehrer steht der anthroposophische Geist nicht mehr im Zentrum der Waldorfpädagogik. Die einen sind darüber traurig und sehen darin eine Katastrophe, die anderen sind darüber froh und sagen „Endlich." „Endlich haben wir uns von dem ideologischen Ballast befreit." (Und zwischen diesen beiden gegensätzlichen Positionen gibt es ein breites Spektrum der verschiedensten Schattierungen.)
Mit anderen Worten: Das, was der Nazi Tölke damals als Deal vorschlug und was Molt ablehnte, ist inzwischen in vielen Schulen ganz normale Realität: Anerkennung durch den Staat und Fortbestand der Schule gegen den Verzicht auf den anthroposophischen Geist. Mit einem Unterschied: Der Verzicht auf die Anthroposophie war von dem Nazi Tölke eine *Forderung*. Inzwischen ist dieser Verzicht an vielen Orten freiwillig erfolgt, ohne Bedrohung von außen. Er hat sich im Laufe der Waldorfgeschichte zwischen 1950 und 2019 in einem schleichenden Prozess eingestellt.

Auf der anderen Seite ist das, was übrig bleibt, wenn man die Waldorfpädagogik entkernt hat, immer noch fruchtbar und hilfreich. Ein Vergleich: Es wäre gewiss das Beste für die Ernährung der Menschen, wenn überall die Landwirtschaft nach Demeter-Prinzipien bewirtschaftet würde. Aber es ist auch schon ein Segen für jeden Quadratmeter Boden, wenn er nicht mehr mit Giften behandelt wird, sondern rein biologisch.

Mit anderen Worten: Ich möchte auf gar keinen Fall all den wunderbaren Lehrerinnen und Lehrern, die an einer Waldorfschule mit hohem Einsatz eine großartige Arbeit leisten, aber mit der Anthroposophie nichts anfangen können, einen Vorwurf machen. Das wäre absurd. Aber ich will auf der anderen Seite auch aussprechen, dass man viele wesentliche Bereiche der Waldorfpädagogik dann noch nicht für sich entdeckt hat.

Die Antwort auf die Frage, was man unter „Waldorf" versteht, kann also eindeutig Folgen für Sein oder Nichtsein haben. Sie hat auf jeden Fall Folgen für das *geistige* Sein oder Nichtsein, aber sie hat auch Folgen für die äußere Existenz, nämlich für die Art und Weise, wie man eine Schule leitet bis hin zur Vereinssatzung und zur inneren Organisation und zum Management einer Schule.

Zusatzfrage: Ist die Anthroposophie für die Waldorfpädagogik wirklich entscheidend?

Meine Antwort ist ein entschiedenes „Ja" und ein eingeschränktes „Nein". Ja, die Anthroposophie ist absolut entscheidend. Wer etwas anderes behauptet, der hat einen sehr reduzierten Begriff von Waldorfpädagogik. Das eingeschränkte „Nein": Nein, man kann die Anthroposophie auch weglassen, aber nur, wenn einem einige Bruchstücke der Waldorfpädagogik genügen. Das ist nichts per se Schlechtes. Aber man sollte dann bitte fairer Weise nicht von „der" Waldorfpädagogik sprechen, sondern von einzelnen „Waldorfelementen". Steiner hat – und ich bewundere das sehr – die

Waldorfpädagogik so angelegt, dass für jeden etwas „dabei sein“ kann. Auf jeder Ebene kann man einsteigen und, wenn man will, weiterarbeiten. Man kann sogar wie in einem Steinbruch einige Steine heraushauen und sich bedienen. Man kann aber auch versuchen, nicht nur den Steinbruch im Blick zu haben, sondern die ganze Kathedrale. Man kann sie pflegen und an ihr weiterbauen, so gut man es eben vermag. Mir persönlich geht es um die Kathedrale. Ich möchte – wie viele andere und mit ihnen zusammen – an ihr weiterbauen, über die Grenzen von Raum und Zeit hinaus.

Noch eine Zusatzfrage: Aber sind dann die Waldorfschulen nicht doch Weltanschauungsschulen, obwohl sie das Gegenteil behaupten?

Die Steinersche Pädagogik ist eine Pädagogik *auf der Grundlage* einer ganz bestimmten Weltanschauung. Das stimmt. Aber: Sie ist das wie jede andere Pädagogik auch, so wie auch die staatlichen Schulen selbstverständlich Weltanschauungsschulen sind. Den staatlichen Schulen und ihrer Pädagogik liegt die Weltanschauung des naturwissenschaftlichen Weltbildes in seiner materialistischen Variante zugrunde. Dieses materialistisch-naturwissenschaftliche Weltbild ist die Weltanschauung der öffentlichen Meinung und war lange Zeit auch die Weltanschauung der Mehrheit der Bevölkerung in der westlichen Welt. Aber zu glauben, dass es sich deshalb *nicht* um eine Weltanschauung handeln würde und zu behaupten, die staatlichen Schulen seien „weltanschauungsneutral“, ist nicht nur naiv, sondern schlechterdings falsch. Die eigene Weltanschauung für so selbstverständlich zu halten, dass man meint, sie sei keine Weltanschauung, zeugt von einem Mangel an wissenschaftstheoretischer Selbstreflexion. Sind die staatlichen Schulen Weltanschauungsschulen? Ja, selbstverständlich. Ist die Erziehungskunst Rudolf Steiners eine Weltanschauungspädagogik? Ja, selbstverständlich. Wie denn auch nicht!

Aber die Waldorfschulen sind in einem anderen Sinne *keine* Weltanschauungsschulen. Steiner hat 1919 dezidiert klargestellt, dass es in der Waldorfschule nicht darum geht, das anthroposophische Weltbild zu lehren:

„Wir streben nicht an, den Inhalt unserer Weltanschauung dem werdenden Menschen beizubringen. Wir streben nicht danach, eine dogmatische Erziehung zu bewirken. Wir streben danach, dass dasjenige, was wir durch die Geisteswissenschaft haben gewinnen können, lebendige Erziehungstat werde. Wir streben an, in unserer Methodik, in unserer Didaktik das zu haben, was aus der lebendigen Geisteswissenschaft (...) kommt. (GA 293, 14)

In den staatlichen Schulen ist das anderes. In ihnen geht es selbstverständlich darum, die Inhalte des materialistischen Weltbildes lernen zu lassen. Die Weltentstehung aus dem Ur-Knall wird in den staatlichen Schulen standardmäßig gelehrt. Die Darstellung aus Steiners „Geheimwissenschaft im Umriss“ von einer Entstehung der Erde aus der Ur-Wärme im sogenannten „Saturnzustand“ wird in den Waldorfschulen *nicht* gelehrt. Mit anderen Worten und so erstaunlich es auch klingt: Gerade die staatlichen Schulen sind – was die Lerninhalte betrifft – in einem viel stärkeren Maße Weltanschauungsschulen als die Waldorfschulen. Sie sind sogar weit davon entfernt, im Hinblick auf die gelehrte Weltanschauung auch nur pluralistisch zu sein. („Weltanschauungsneutral“ zu sein, sollte man gar nicht erst verlangen, denn das ist generell kaum möglich.)[45]

Aber all das sind wissenschaftstheoretische Überlegungen auf einer Meta-Ebene. Für einige Menschen sind sie wichtig. Aber sie lenken ab von dem, worum es im Kern geht: Um pädagogische Entdeckungen über den Menschen – Entdeckungen, die die Welt verändern können. Die historischen Waldorfschulen waren ja „nur" die ersten, die versucht haben, einige dieser Entdeckungen einer *Erziehung aus Menschenerkenntnis* umzusetzen. 100 Jahre später kann es um viel mehr gehen. Die Entdeckungen Steiners, die ich im Vortrag geschildert habe, sind ja nicht patentiert, sondern eine „Open-Source", eine offene Quelle, zu der sich jeder hinbegeben kann, der das in seiner Erziehungspraxis möchte, sei es als Eltern, Kindergärtner oder Lehrerin, an welchem Ort auch immer. Und mehr noch: Es geht darum, selbst neue Erfindungen aus Menschenkunde zu gewinnen. Es geht also nicht nur um die goldenen pädagogischen Eier, sondern es geht um die Henne, die neue goldene Eier legt.

16 Wie leitet man eine Waldorfschule?

Und wie nicht?

Frage: Welche Bedeutung hat das, was Waldorf wirklich will, für die ***Leitung*** *einer Waldorfschule?*

„Leiten“ hat, im Unterschied zum Management, nur zwei Aufgaben:

Aufgabe 1: „Leiten“ heißt, dafür Verantwortung zu übernehmen, dass die „Mission“ einer Organisation oder Firma von Jahr zu Jahr besser „auf den Boden“ gebracht wird.

Aufgabe 2: „Leiten“ heißt, so viele Mitarbeiter wie möglich zum Leiten zu befähigen. Der beste „Direktor“ ist also der, dem es gelungen ist, sich selbst überflüssig zu machen, da er seine Mitarbeiter zur Leitung befähigt hat. Und das heißt: Er hat sie dazu befähigt, Verantwortung dafür zu übernehmen, dass die „Mission“ der Organisation von Jahr zu Jahr besser umgesetzt wird.
Alle anderen Aufgaben sind Management-Aufgaben oder Sachbearbeitungsaufgaben.

Die Leitung einer Waldorfschule leistet dann gute Leitungsarbeit, wenn sie erstens dafür sorgt, dass die Mission von „Waldorf“, von Jahr zu Jahr stärker umgesetzt wird. Und die Leitung einer Waldorfschule leistet dann gute Arbeit, wenn sie zweitens möglichst viele Mitarbeiter dazu befähigt, Verantwortung für die Mission der neuen Pädagogik zu übernehmen. Und umgekehrt: Wenn die Leitung einer Schule diesen beiden Leitungsaufgaben nicht genügend gerecht wird, dann handelt es sich nicht um eine gute Leitung. Vermutlich werden in einem solchen Fall einige Managementaufgaben und Sachbearbeitungsaufgaben durchaus gut gelöst, aber die Hauptaufgabe der Leitung eben nicht. Und das wird einem zwar nicht sofort, aber in aller Regel nach einigen Jahren oder Jahrzehnten auf die Füße fallen.

Wenn die wichtigste Leitungsaufgabe darin besteht, die Mission einer Organisation von Jahr zu Jahr besser umzusetzen, dann ist es eine entscheidende Frage, was man unter „Waldorf" versteht. Versteht man unter „Waldorf" nur die Anwendung einiger Prinzipien und Grundüberzeugungen, dann hat das andere Konsequenzen als wenn man unter „Waldorf" dasjenige versteht, was unscheinbar klingt und doch einen Kosmos enthält: *Erziehung aus Menschenerkenntnis*.

Eine der größten Herausforderungen ist es sodann, die Selbstverwaltung so zu gestalten, dass sie effektiv verläuft und nicht zu einer solchen Belastung wird, die der pädagogischen Arbeit viel zu viel Kraft raubt. Eine Herausforderung ist das deshalb, weil zwei gegensätzliche Gesichtspunkte gut auszutarieren sind: Auf der einen Seite wollen alle Mitglieder einer Gemeinschaft in die wichtigen Entscheidungen mit einbezogen sein. In vielen Angelegenheiten wollen sie mitentscheiden. So etwas ist immer aufwendig. Auf der anderen Seite hängt viel davon ab, dass der Einzelne volle Verantwortung übernimmt. Diesbezüglich kann man vom perfekten sozialen Organismus unserer Lebensorgane viel lernen. Ein Beispiel: Als kleiner Junge habe ich einmal eine

Tintenpatrone verschluckt. Ich hatte damals Angst, vergiftet zu werden und an „Tintenvergiftung“ zu sterben. (Und dann war es auch noch der Tag vor meinem neunten Geburtstag.) Aber mein Magen und mein Darm entschieden auf „unverdaut ausscheiden“. Magen und Darm trafen diese Entscheidung dabei nicht nur für sich, sondern zugleich für den gesamten Organismus. Es lief bei dem Entscheidungsprozess auch nicht so ab, dass die Niere oder die Lunge sich zu Wort gemeldet hätten: „Moment mal, wir sehen das anders. Könnten wir nicht doch versuchen, die Tintenpatrone zu integrieren?“ Es gab keine lange Debatte über die Frage, was zu geschehen hat. Unser Körper ist so eingerichtet, dass jedes Organ für seinen Bereich die Autorität hat, zu entscheiden. (Besonders wichtig: Das Gehirn steuert dabei nicht, sondern registriert nur und informiert.) Bei diesem Prozess „wissen“ alle Organe, dass die Entscheidungen eines einzelnen Organs zugleich die beste Entscheidung für den gesamten Organismus sind. Ein grandioses Ideal. Für einen *sozialen* Organismus heißt das, dass für die verschiedenen Aufgaben solche Organe zu schaffen sind, die im Einklang mit dem Ganzen und für das Ganze die beste Entscheidung treffen. Es ist eine der faszinierendsten Herausforderungen einer Sozial-Kunst, alle notwendigen Organe zu definieren sowie ihre Arbeitsweise, ihre Besetzung und ihre Kooperation so aufzubauen, dass der Gesamtorganismus sich der Weisheit und der Perfektion unserer Lebensorgane zumindest annähert. Dabei ist zu berücksichtigen, dass die Organe des Körpers ein Instrument der Seele des Menschen und seines Ichs sind. Die Organe sind in ihrer Gesamtheit ein physischer Ausdruck des Ich. (Das Ich kann man nicht mit physischen Augen sehen. Es sei denn, man erkennt, wie es in seinem

Tempel, dem physischen Leib, zum Ausdruck kommt). Entsprechend ist ein sozialer Organismus so einzurichten, dass die Gesamtheit und das Zusammenspiel seiner Organe der angemessene Ausdruck und das angemessene Instrument für die geistige Identität der Organisation sind. Diese geistige Identität ist die entscheidende Instanz. Deshalb legte Steiner so viel Wert darauf, dass sich die Lehrerinnen und Lehrer mit dem Geist der Waldorfpädagogik verbinden und dieser Geist in der Schule lebt. Hier liegt die Hauptaufgabe. Es wäre ein Irrtum zu glauben, dass man ohne eine gelebte geistige Identität gute Organisationsformen finden könnte. Denn niemals würden die Organe unseres Körpers so gut zusammenarbeiten, wie sie es tun, wenn es nicht das ICH des Menschen gäbe, das sich in diesen Organen auslebt. Das ICH ist der Baumeister des Leibes. Und in ähnlicher Weise hat das ICH einer Schule der Baumeister seiner Organisationsformen zu sein. Auf dem Weg zu diesem Ziel kann man viel von den verschiedenen Funktionen des Körpers lernen: Von der Herzfunktion, der Lungenfunktion, der Leberfunktion, der Nierenfunktion und der Magen-Darm-Funktion sowie von vielen weiteren Funktionen, angefangen bei der Nerven-Sinnes-Organisation bis hin zum Aufbau des Skeletts, der Muskeln und des Blutes.

Man wird das nicht eins-zu-eins übertragen können vom Körper auf den sozialen Organismus. Bloße Analogieschlüsse wären mystischer Murks. Aber man kann durch ein Studium der Organe den Blick schulen, mit dem man dann auch die notwendigen Organfunktionen eines sozialen Organismus sachgemäß erkennen und entsprechend aufbauen kann. Mit anderen Worten: Was die Natur für unseren Körper geleistet hat, müssen wir als Sozial-Baumeister (oder Sozial-Künstler) selbst in die Hand nehmen. Eine Aufgabe, an der Prometheus seine Freude hätte.

Neben einem sachgemäßen Aufbau der Organe einer Schule sind dann auch die dazu passenden Rechtsformen zu finden. In dieser Reihenfolge und nicht umgekehrt. Ich gebe jetzt nur wenige Hinweise.

Die allermeisten deutschen Waldorf-Einrichtungen sind juristisch als gemeinnütziger Verein aufgestellt. Nun ist es nach dem Vereinsrecht so, dass die Mitgliederversammlung das entscheidende Organ ist. Alle Macht geht von der Mitgliederversammlung aus. Der Vereinsvorstand ist an die Beschlüsse der Mitgliederversammlung gebunden und haftet sogar. Im deutschen Vereinsrecht ist also die Mitgliederversammlung der *Souverän*. Die entscheidende Frage aber ist: Weiß der Souverän, was die Mission der Waldorfpädagogik ist? Mit anderen Worten: Ist die Mitgliederversammlung als entscheidendes Machtorgan der angemessene Ausdruck für das ICH der Schule? Bei einem Taubenzüchterverein oder einem Sportverein wissen alle Mitglieder, um was es geht. Bei einer Waldorf-Einrichtung ist es anspruchsvoller, dafür zu sorgen, dass der Souverän auch weiß, was Waldorf wirklich will.

Viele Schulen halten diese Aufgabe für nicht so wichtig. Aber das ist heikel. Denn dann stimmen zwei Landkarten nicht zusammen: Die Landkarte der juristischen Wirklichkeit und die Landkarte der Lebenswirklichkeit. Die juristische Wirklichkeit ist die, dass in den meisten Satzungen, die ich gelesen habe, die Elternschaft der Souverän ist, denn die Eltern haben gegenüber den Lehrern in der Mitgliederversammlung eine große Mehrheit.[46] Auf der anderen Seite steht die Lebenswirklichkeit, dass sich viele Eltern nur als Kunden eines Dienstleistungsunternehmens verstehen. Wenn aber eine große Mehrheit der Eltern „Waldorf" mit ein paar Grundprinzipien identifiziert oder sogar mit ein paar Klischees, dann ist das etwas völlig anderes als wenn die Eltern *die ganze Kathedrale* der Erziehungskunst Steiners kennen und vor allem die *Aufgabe* der Kathedrale. Meiner tiefen Überzeugung nach sollte ein Souverän grundsätzlich wissen, worum es geht. Andernfalls passen die juristische Landkarte und die geistige Landkarte nicht zusammen. Das heißt: Wenn man schon die gängige Vereinskonstruktion gewählt hat, dann steht man in der Pflicht, dafür Sorge zu tragen, dass der Souverän souverän ist. Er sollte wissen, was Waldorf wirklich will. Mehr noch: Er sollte sich der Mission von „Waldorf" auch verpflichtet fühlen. Die entscheidende Management-Aufgabe besteht dann darin, geeignete Einrichtungen zu schaffen, wodurch der Souverän souverän wird und bleibt. Eine Option: Man richtet eine Art „In-House-Volkshochschule für Waldorfpädagogik" ein. In dieser internen Volkshochschule erhalten dann alle Eltern und quereinsteigende Lehrer im Zuge eines gut aufgebauten Programms volle Aufklärung über das, was Waldorf wirklich will. Im optimalen Fall erhalten einige sogar eine „In-Door-Ausbildung" zum Waldorflehrer. Eine Investition, die sich nach Jahren mehr als auszahlt. Wenn man sich allerdings ein solches Programm nicht zutraut oder es für unrealistisch hält, dann sind zumindest solche Rechtsformen aufzubauen, die den lebendigen Organismus und sein Ich besser abbilden. (Damit hier keine Missverständnisse entstehen: Ich bin nicht gegen eine Mitwirkung der Eltern an der Leitung einer Waldorf-Einrichtung. Im Gegenteil: Ich habe eine

gemeinsame Leitung der Schule durch Eltern, Lehrer und Schüler entschieden befürwortet und in der Praxis durchgeführt. Aber der entscheidende Punkt ist der, dass diejenigen, die eine Schule leiten, nicht nur ein ausreichendes Bewusstsein von dem haben, was die Mission der Waldorfpädagogik ist, sondern auch ein Commitment zu dieser Mission.
Beides, das Bewusstsein und das Commitment, können Eltern genauso gut haben wie Lehrer. Und wenn das der Fall ist, dann wäre es geradezu dumm, die zahlreichen Kompetenzen der Eltern nicht für eine Schule fruchtbar zu machen. Für mich persönlich war es immer beflügelnd, auf dieser Grundlage mit den Eltern zusammenzuarbeiten.[47])

Noch ein weiterer Punkt: In den meisten Vereinssatzungen deutscher Waldorfschulen sind die Lehrerinnen und Lehrer *Angestellte* eines Vereins. Dieser Sachverhalt hat Auswirkungen. Er begünstigt immer wieder, dass man im Laufe der Zeit eine Angestellten-Mentalität statt eine verantwortliche Schulleiter-Mentalität entwickelt. Eine Angestellten-Mentalität passt aber wenig zu dem, was den Waldorflehrerberuf ausmacht. Das heißt: Die juristische Landkarte (Lehrer als Angestellte) und die angestrebte Lebenswirklichkeit klaffen auch hier auseinander. Beide in Übereinstimmung zu bringen – auch das ist eine prometheische Aufgabe. Die gute Nachricht: Das Feuer ist uns bereits übergeben worden. Die schlechte: Es ist oft nur noch ein Glimmen.

17 Wie viel vom „Waldorf-Urbeginn“ ist heute noch in Waldorf drin?

Waldorf und die Waldorfschulen

Machen wir einen fiktiven Test. In dem Buch „Die fünf Dimensionen der Waldorfpädagogik“ sind zwölf relativ bekannte Waldorf-Prinzipien unter dem Titel die „Big 12“ aufgelistet:

1. Das Klassenlehrerprinzip
2. Das Epochenprinzip
3. Zwei Fremdsprachen ab der ersten Klasse
4. Keine Noten und kein Sitzenbleiben
5. Ein hoher Anteil an handwerklich-künstlerischen Fächern
6. Ein besonderer Lehrplan, der sich an den Entwicklungsschritten der Kinder orientiert
7. Das besondere Fach „Eurythmie“
8. Ein Schularzt
9. Eine besondere Architektur und Gestaltung der Räume und des Campus
10. Das Feiern von Jahresfesten und anderen Festen
11. Eine enge Zusammenarbeit mit den Eltern
12. Eine kollegiale Form der Selbstverwaltung

Wenn man „Waldorf“ mit diesen Prinzipien gleichsetzen würde, dann wären in einer Waldorfschule 100 Prozent Waldorf „drin“, wenn alle 12 Prinzipien umgesetzt wären. Und man hätte rein rechnerisch nur noch 91,6 Prozent „Waldorf“, wenn eine Waldorfschule nicht mehr das Fach Eurythmie anbieten würde. Gäbe es dann auch noch keinen Schularzt, wären es nur noch 83,3 Prozent. Aber das alles ist Unfug. Erstens könnte man fragen, ob denn alle 12 Prinzipien das gleiche Gewicht haben. Zweitens könnte man bei jedem einzelnen Prinzip der „Big 12" fragen: *In welchem Maße* ist es umgesetzt? Bis zu welcher Klasse spielen die Noten keine Rolle? Wie sehr ist das Klassenlehrerprinzip aufgeweicht? Und so käme man vom Hundertsten ins Tausendste, denn neben den benannten 12 Prinzipien gibt es Aberhunderte von speziellen Methoden, deren Anwendung sehr stark von jedem einzelnen Lehrer abhängt:

- Methoden zur Bildung der Willenskräfte
- Methoden zur Bildung der Erkenntniskräfte
- Methoden zur Bildung der Gefühlskräfte
- Methoden zur Bildung der Sozialfähigkeiten
- Methoden zur Bildung der Ichkräfte und der moralischen Charakterstärke
- Methoden zur Harmonisierung der Konstitution
- Methoden zur Steigerung der Regenerationsfähigkeit
- Fächerspezifische didaktische Methoden

Wie will man hier herausfinden, wie viel von diesen Methoden tatsächlich in einer Schule angewendet wird? Und dann geht es weiter mit den konkreten Detailfragen: Sind Schulbücher „Waldorf" oder nur Epochenhefte? Welche Epochenheft-Texte sind „Waldorf" und welche nicht? Ist Fußballspielen „Waldorf"? Sind Hausaufgaben „Waldorf"? Hin und wieder treten auf Elternabenden Mütter oder Väter auf, deren Kinder sich mit Hausaufgaben überfordert fühlen. Diese Eltern behaupten dann, Hausaufgaben seien nicht „Waldorf". Und? Sind sie es nun oder nicht? Und was ist mit den Tabletts? Sind sie „Waldorf"? Sind sie erst ab Klasse 9 „Waldorf" oder doch schon ab Klasse 7 oder vielleicht schon ab Klasse 5? Kurz, man könnte endlos viele Debatten führen und würde das, worum es wirklich geht, verfehlen. Steiner wörtlich:

„Die Waldorfschul-Pädagogik ist nie von einem (...) Programm ausgegangen. (...) Grundsätze, wie man erziehen soll, Grundlagen, die dann irgendwie in die Gesetzgebung übergehen könnten, haben uns von Anfang an nicht interessiert. Was uns interessiert hat, war die Wirklichkeit, die ganz wahre Wirklichkeit. Was war diese? Kinder sind es zunächst gewesen, eine Anzahl von Kinderindividualitäten mit diesem oder jenem Wesenhaften. Man muss das (=das Wesenhafte der einzelnen Kinder; V. W.) kennengelernt haben, um zu wissen, was in diesen Kindern steckt durch das, was in sie heruntergestiegen ist und was sie durch ihre Körperlichkeit zum Ausdruck bringen. (...) Und dann wird man durchaus auf die Notwendigkeit geführt: wahre Pädagogik, wirklichkeitsgemäße Pädagogik auf Menschenerkenntnis zu bauen; in jeder Einzelheit nicht theoretisch zu sein, sondern in jeder Einzelheit praktisch zu sein." (GA, 310, 16)

Das heißt: die Frage „wie viel von dem, was Waldorf will, ist heute noch in Waldorf drin?" ist nicht anhand von Listen der Big 12, der Methoden, der Grundüberzeugungen oder des Waldorf-Brauchtums zu beantworten. Die Beantwortung der Frage ist auf einem anderen Weg zu finden: In welchem Maße *übe* ich, den Menschen im Allgemeinen und das einzelne Kind im Besonderen gründlicher, tiefer, umfassender zu verstehen? In welchem Maße strebe ich an, *daraus* die

Maßnahmen zu entwickeln, mit denen wir die guten Potentiale dieses Kindes so angemessen wie möglich fördern können? Ist diese *Praxis* eines Unterrichtens aus Menschenerkenntnis ein *Herzensbedürfnis*, das von innen kommt? Meine Überzeugung ist die: In dem Maße, in dem aus einem *Enthusiasmus des Herzens* versucht wird, alte und *neue pädagogische Erfindungen* für die einzelnen Kinder aus einem gründlichen Menschen- und Kindes-Verständnis zu gewinnen, in dem Maße ist das Wesen „Waldorf" anwesend. In dem Maße, in dem dieser Impuls gleichsam in die Finger und Instinkte einer Lehrerin und in die Kultur einer Schule übergegangen ist, ist Waldorf anwesend. (Das kann sich in einer einzigen kleinen Geste gegenüber einem Kind zeigen oder in einer richtigen Frage im richtigen Moment.) Es geht nicht um 100 Prozent oder 70 oder 10. Es geht um jeden einzelnen Wassertropfen „Waldorf", wie heiß der Stein auch sein mag. Jede einzelne Handlung und jede neue Erfindung einer Schule aus dem Geist der Menschenerkenntnis hat dann ihren Wert in sich und vor allem hat sie ihren Wert für die Schülerinnen und Schüler.

Darüber hinaus kann man diese Tätigkeit im Kleinen in einen großen Zusammenhang stellen. Steiner 1919 zu den Lehrerinnen und Lehrern kurz vor der Gründung der ersten Schule:

„Wir müssen uns bewusst sein der großen Aufgaben. Wir dürfen nicht bloß Pädagogen sein, sondern wir werden Kulturmenschen im höchsten Grade, im höchsten Sinne des Wortes sein müssen. Wir müssen lebendiges Interesse haben für alles, was heute in der Zeit vor sich geht, sonst sind wir für diese Schule schlechte Lehrer. Wir dürfen uns nicht nur einsetzen für unsere besonderen Aufgaben. Wir werden

nur dann gute Lehrer sein, wenn wir lebendiges Interesse haben für alles, was in der Welt vorgeht. Durch das Interesse für die Welt müssen wir erst den Enthusiasmus gewinnen, den wir gebrauchen für die Schule und für unsere Arbeitsaufgaben. Dazu sind nötig Elastizität des Geistigen und Hingabe an unsere Aufgabe." (GA 293, 13)
Auch das ist heute an vielen Waldorf-Orten, die ich in der Welt erlebt habe, immer noch vorhanden. Mal mehr, mal weniger. Manchmal sehr wenig, manchmal erstaunlich stark. Es hängt von den Menschen ab und von der Art, wie eine Schule geleitet wird.

18 Sind die Waldorfschulen „freie" Schulen?

Nein!

Frage: Sind die Waldorfschulen „freie" Schulen?

Nein.
Wie bitte?
Nein, sie sind keine freien Schulen.
Aber etliche nennen sich doch „Freie Waldorfschule".
Das ist irreführend. Wovon sind sie denn frei?
Von staatlicher Verwaltung.
Das stimmt nur zum Teil. Für einige Länder trifft das zu, in anderen Ländern reicht die staatliche Verwaltung weit in die Schulen herein. In Deutschland sind die Waldorfschulen sogenannte „Schulen in freier Trägerschaft" Sie werden nicht vom Staat verwaltet wie die Staatsschulen. Sie dürfen sich selbst verwalten und der Staat hat sich nur die Oberaufsicht vorbehalten. Aber die Waldorfschulen sind deshalb noch lange nicht freie Schulen.
Und warum nicht?
Die Waldorfschulen haben zwar im Vergleich zu den staatlichen Schulen mehr Freiheiten, aber wirklich frei sind sie nicht. Das war schon 1919 so, nicht erst heute. Steiner sprach das intern sehr deutlich aus:

„Wir sind noch nicht so weit, um eine wirklich freie Tat zu vollbringen. Schlechte Lehrziele, schlechte Abschlussziele werden uns vom Staat vorgeschrieben. Diese Ziele sind die denkbar schlechtesten, und man wird sich das denkbar Höchste auf sie einbilden." (GA 300 a, 61)

Die Freiheit der Waldorfschulen wird durch verschiedene Faktoren limitiert – in verschiedenen Ländern auf unterschiedliche Weise. In Deutschland muss zum Beispiel eine Waldorfschule einige Jahre, nachdem sie voll ausgebaut ist, das Abitur anbieten. Sonst verliert sie ihre Genehmigung. Die Freiheit, das Abitur *nicht* anzubieten, gibt es in Deutschland nicht, in anderen Ländern ist das anders – mit anderen Problemen. Und weiter: Je nach Bundesland behalten sich die staatlichen Stellen auch die Genehmigung der Lehrer an Waldorfschulen vor. In einigen Bundesländern wird verlangt, dass die Oberstufenlehrer auch die staatlichen Examina vorweisen müssen. Andernfalls erhalten sie keine Lehrbewilligung.

Was soll daran schlimm sein? Wird dadurch nicht sogar ein gewisses Qualitätsniveau sichergestellt?

Ja, das Qualitätsniveau der staatlichen Pädagogik, aber nicht das der Erziehungskunst Rudolf Steiners. Für Rudolf Steiner war die völlige Freiheit bei der Lehrerwahl eine sogenannte „Conditio sine qua non", also eine Bedingung, ohne die er die erste Schule nicht gegründet hätte. So hart es auch klingt: Unter den heutigen Rahmenbedingungen staatlicher Vorgaben hätte Steiner die Schule *nicht* gegründet. Eine der wichtigsten Freiheiten hätte ihm gefehlt.

Auf der anderen Seite will ich nicht verschweigen, dass ich an verschiedenen Schulen Klagen der Eltern gehört habe: Einige Lehrer fallen weit unter das staatliche Qualitätsniveau zurück. Sie betreiben nicht nur keine Waldorfpädagogik, sondern sie fallen unter das staatliche Niveau zurück, statt es zu überbieten. Das kommt vor. Leider. Jeder Fall ist ein Fall zu viel. Es ist dann eine Frage der Management-Werkzeuge, wie eine Schule damit umgeht.

Man hat es mit zwei Seiten einer Medaille zu tun. Auf der einen Seite kann man heute den Einfluss der staatlichen Vorgaben gar nicht hoch genug einschätzen. Er ist in zahlreichen Bestimmungen wirksam, die die Waldorfschulen in verschiedenen Ländern erfüllen müssen. Mal weniger, mal extrem hoch. Es gibt also einen *äußeren Druck*. Dieser Druck setzt sich im Innern fort. Er ist auch in den Köpfen vieler Lehrerinnen und Lehrer selbst wirksam, zum Beispiel in den verschiedenen Formen der Angst, des vorauseilenden Gehorsams oder der Missverständnisse von dem, was Waldorf will. Auf der anderen Seite halte ich nicht viel davon, über diesen Sachverhalt allzu viel zu jammern und ihm allein die Schuld dafür zu geben, dass wir zu wenig von dem, was Waldorf wirklich will, umsetzen. Der Druck von außen ist da, gewiss. Oft ist er enorm. Aber daneben sollte es möglichst wenig die Schwäche von innen geben. Wenn ich die äußeren Verhältnisse nicht ändern kann, weil sie sich meinem Einfluss entziehen, dann bleibt mir immer noch die Möglichkeit, meine innere Einstellung zu ändern. Da ist mein Einfluss größer (sollte man denken). Ich halte es für konstruktiver, vor meiner eigenen Tür zu kehren und wenigstens das, was immer noch möglich ist, auch zu tun. Die größte Unfreiheit kommt immer noch aus mir selbst. Aber ich freue mich über all diejenigen Kolleginnen und Kollegen in den verschiedenen Ländern der Erde, die durch ihre Beziehungen und ihren Einfluss die Möglichkeit haben, den bevormundenden Zugriff von Staat und Wirtschaft auf die Pädagogik etwas abzumildern. Es ist

ein Kampf von Deich-Konstrukteuren gegen einen ansteigenden Meeresspiegel staatlicher und ökonomischer Bevormundung.
Es ist wichtig zu wissen, wie wichtig das ist. Ich zitiere noch einmal Rudolf Steiner:

„Ein Neuaufbau unseres gesellschaftlichen Lebens muss daher die Kraft gewinnen, das selbständige Unterrichtswesen einzurichten. Wenn nicht mehr Menschen über Menschen in der alten Art „regieren“ sollen (oder Menschen andere Menschen ausnutzen sollen; V.W.), so muss die Möglichkeit geschaffen werden, dass der freie Geist in jeder Menschenseele (insbesondere im Lehrer; V. W.) so kraftvoll, als es in den menschlichen Individualitäten jeweils möglich ist, zum Lenker des Lebens (und auch der Schule; V. W.) wird. Dieser Geist lässt sich aber nicht unterdrücken. Einrichtungen, die aus den bloßen Gesichtspunkten einer wirtschaftlichen Ordnung das Schulwesen regeln wollten, wären der Versuch einer solchen Unterdrückung. (…) Wer diese Dinge überschaut, für den wird die Begründung einer Menschengemeinschaft, welche die Freiheit und Selbstverwaltung des Erziehungs- und Schulwesens energisch erstrebt, zu einer der wichtigsten Zeitforderungen.“ (GA 24, 43)

Und dann folgt ein Satz, den man auf keinen Fall auf die leichte Schulter nehmen sollte:

„**Alle anderen notwendigen Zeitbedürfnisse werden ihre Befriedigung nicht finden können**, *wenn auf diesem Gebiete das Rechte nicht eingesehen wird.“* (GA 24, 43)

19 Ist „Waldorf“ eine Reform von vielen?

Oder mehr?

Die Waldorfpädagogik war von Anfang an eine Mischform aus anthroposophischer Pädagogik und Staatsschulpädagogik. Steiner war Realist. Er hatte einen ausgeprägten Sinn für das, was machbar war und was nicht. Er wusste, dass man viele Kompromisse eingehen muss.

„Aber wir haben es nötig, Kompromisse zu schließen. (…) Zwei widersprechende Kräfte sind dabei in Einklang zu bringen. Auf der einen Seite müssen wir wissen, was unsere Ideale sind, und müssen doch noch die Schmiegsamkeit haben, uns anzupassen an das, was weit abstehen wird von unseren Idealen. Wie diese zwei Kräfte in Einklang zu bringen sind, das wird schwierig sein für jeden einzelnen von Ihnen. Das wird nur zu erreichen sein, wenn jeder seine volle Persönlichkeit einsetzt. Jeder muss seine volle Persönlichkeit einsetzen von Anfang an.“ (GA 300a, 62)

Steiner sah einen pädagogischen Spagat auf die Lehrerinnen und Lehrer zukommen. Einen Spagat zwischen dem, was Waldorf wirklich will, und den Anforderungen von außen. Es gab zum Beispiel Vorgaben von staatlicher Seite durch das Ministerium. So wurde damals ausgehandelt, dass die Waldorfschüler alle 2 bis 3 Jahre auf dem gleichen Stand zu sein hatten wie die Schülerinnen und Schüler staatlicher Schulen. Steiner akzeptierte das sofort, denn es war eine sinnvolle Bedingung. Die Waldorfschüler sollten auf gar keinen Fall gezwungen sein, keine andere Schule als eine Waldorfschule zu besuchen. Sie sollten selbstverständlich frei sein, auf eine andere Schule zu wechseln. Das aber wäre mehr oder weniger unmöglich, wenn die Lehrpläne beider Systeme überhaupt nicht mehr kompatibel wären.

Weit mehr Einfluss als das Ministerium hatte allerdings etwas anderes: Sämtliche Lehrer der ersten Schule hatten in ihrer Kindheit und Jugend staatliche Schulen besucht und waren dadurch stark geprägt. (Auch heute ist das mehrheitlich der Fall.) Eine solche Prägung schüttelt man nicht von heute auf morgen ab. Wenn man durch die staatliche Schule tief aufgenommen hat, wie Schule abläuft, dann ist es ein weiter Weg, den Unterricht ganz anders aufzufassen, nämlich als heilenden Prozess für die Konstitution. Es ist auch ein weiter Weg zum Unterrichten aus Kunst.

Für jeden Lehrer war und ist der Schritt in die Waldorfschule der Beginn einer Verwandlung. Man kann zwar von heute auf morgen Lehrer *an* einer Waldorfschule sein, aber man kann nicht von heute auf morgen Waldorflehrer *werden*. Zum Beispiel haben die damaligen Oberstufenlehrer – so Steiners Kritik – viel zu oft viel zu viel doziert.[48] Aber das lag daran, dass sie selbst so geprägt waren. Auf diese Weise ragte (und ragt) das alte System in den neuen Organismus hinein. Es konnten in das alte System nur die *Keime* des neuen gelegt werden – etwa wie der neue Same einer Eiche, der auf einer Felswand Wurzeln schlägt.

Auch die damaligen Eltern hatten ganz bestimmte Erwartungen, die aus dem alten System kamen, die man aber nicht einfach übergehen konnte. Das ist heute nicht viel anders. Viele Eltern sehen in der Waldorfschule nur eine Alternativschule und tragen ihre eigenen Vorstellungen von dem, was in der Schule laufen sollte, in die Schule herein. Und deshalb war und ist die Waldorfschule immer eine Mischform von anthroposophischer Pädagogik und staatlicher Pädagogik. Es bleibt die Frage nach dem Mischungsverhältnis. An einigen Schulen überwiegt bei weitem der staatliche Duktus, insbesondere in der Oberstufe. An anderen Schulen ist das anders. Gibt es eine Gesamttendenz? Es gibt zu dieser Frage keine wissenschaftliche Studie, sondern ich könnte ihnen nur meine subjektiven Eindrücke schildern oder Sie, weitaus besser, auf das dreibändige Werk von Nana Göbel verweisen. Aber wie auch immer meine subjektiven Eindrücke ausfallen mögen und wie auch immer der objektive Sachverhalt sein mag, es geht doch auch darum, was der Einzelne an der Schule, an der er tätig ist, *will*: „Was will ich hier vor Ort verstärken? Wie sehr will ich mich dabei von den Umständen abhängig machen?" Mit den Worten Rudolf Steiners: „*Wie diese zwei Kräfte (Ideal und äußere Umstände; V.W.) in Einklang zu bringen sind, das wird schwierig sein für jeden einzelnen von Ihnen. Das wird nur zu erreichen sein, wenn jeder seine volle Persönlichkeit einsetzt. Jeder muss seine volle Persönlichkeit einsetzen von Anfang an.*" (GA 300 a, 62)

Steiner unterschied in diesem Zusammenhang zwischen Kompromissen, die man nach außen eingehen muss, und einer glasklaren Entschiedenheit, was die eigene pädagogische Aufgabe im Innern betrifft:

„*Nach außen mag man konziliant sein, aber innerlich, wenn es sich um Prinzipielles (der Waldorfpädagogik) handelt, da kommt es darauf an, dass man ganz fest auf seinen Standpunkt sich stellt. Dazu ist notwendig, die Kraft zu haben, die Dinge wirklich radikal zu durchschauen und keine Neigung zu irgendwelchem Kompromiss zu haben. (…) Sie selbst als Lehrer der Waldorfschule werden sich immer mehr in die Durchschlagskraft des Geistes hineinfinden und die Möglichkeit finden, alle Kompromisse beiseite zu lassen.“*

Kompromisse nach außen – ja. Kompromisse und Verwässerung im Inneren und ohne Not – nein!

Meine Antwort auf Ihre Frage lautet also: Die *anthroposophische* Pädagogik ist als solche *keine* Reformpädagogik. Sie ist das Gegenteil davon. „Reform“ bedeutet, dass man das Bestehende reformiert, also in eine verbesserte Form bringt. Das Bestehende ist aber ein aus wirtschaftlichen und politischen Interessen gelenktes Bildungssystem. Große pädagogische Meta-Studien (wie die von John Hattie) wollen dieses System verbessern. Steiner ging es um etwas radikal Anderes: Erziehung und Unterricht *aus Menschenerkenntnis* und eben nicht nach Maßgabe politischer und ökonomischer Vorgaben. Steiner wörtlich:

„*Die Waldorfschule ist nicht eine „Reformschule“ wie so manche andere, die gegründet werden, weil man zu wissen glaubt, worin die Fehler dieser oder jener Art des Unterrichtens liegen; sondern sie ist dem Gedanken entsprungen, dass die besten Grundsätze und der beste Wille in diesem Gebiete erst zur Wirksamkeit kommen können, wenn der Erziehende und Unterrichtende ein Kenner der menschlichen Wesenheit ist.*“ (GA 24, 276)

Wenn man diese Sätze ernst nimmt, dann geht es um etwas völlig anderes als um eine „Reform“. Es handelt sich im Grunde um eine pädagogische „Revolution“ oder – weniger dramatisch formuliert – um eine Zeitenwende der Pädagogik.

Ziehen wir zum Vergleich die sogenannte kopernikanische Revolution heran. Im geozentrischen Weltbild stand die Erde im Mittelpunkt und die Sonne drehte sich um die Erde. Kopernikus hatte die Kühnheit, die Verhältnisse umzukehren, obwohl alle beobachtbaren Daten dagegen sprachen. Kopernikus stellte die Sonne ins Zentrum und ließ die Erde und alle anderen Planeten um die Sonne kreisen.
Im staatlichen Schulsystem steht die Aufgabe im Zentrum, die Kinder passend zu machen für die Gesellschaft. Alle menschenkundlichen Erkenntnisse kreisen um dieses Zentrum und dienen ihm. Beispiel: Erkenntnisse über das Gehirn werden benutzt, um die vorgegebenen Ziele besser erreichen zu können, etwa durch sogenanntes „hirngerechtes Lernen".
Steiner kehrte (wie Kopernikus) die Verhältnisse um: Er stellte nicht die gesellschaftliche Vorgabe, die Kinder passend zu machen, als Hauptziel ins Zentrum der Pädagogik, sondern etwas anderes: *Die Erkenntnis des Kindes.* Das ist die Sonne, die im Zentrum des pädagogischen Sonnensystems steht. (Nebenbei: Die Formel „Das Kind im Mittelpunkt" trifft es deshalb nicht. Richtig ist: Die *Erkenntnis des Kindes* steht im Mittelpunkt. Denn: Was nützt „das Kind im Mittelpunkt", wenn man die Natur des Kindes und die Individualität des einzelnen Kindes nicht richtig versteht? Dann wird die Formel „das Kind im Mittelpunkt" zur leeren Phrase.) Die *Erkenntnis* des Kindes steht im Mittelpunkt und alles andere hat sich danach zu richten.
Das neue Zentrum lautet: „Schauen wir erst, was für die Entwicklung eines Kindes *aus der Sache heraus* das menschenkundlich gesehen Beste ist. Wenn wir das tun, dann werden

wir möglichst positive Effekte auch für die Gesellschaft erzielen.“ Selbstverständlich sind auch in der Waldorfpädagogik die Kinder möglichst gut auf die bestehende Gesellschaft vorzubereiten, aber nicht in dem Sinne, dass sie passend gemacht werden. *Lebenstüchtig* unter allen Verhältnissen sollen die Kinder werden, aber nicht passend.

Diese Umkehr der Verhältnisse wäre – wenn sie konsequent angewandt würde – wirklich eine Revolution aller Pädagogik. Denn die Konsequenz wäre, dass beim pädagogischen Design Politik und Wirtschaft überhaupt nicht mitsprechen dürften. Sie müssten abwarten, was die Mediziner, die Psychologen, die Anthropologen und die Pädagogen menschenkundlich für das Beste halten. Und dann dürften Wirtschaft und Politik in aller Ruhe darauf vertrauen, dass dadurch solche Menschen heranwachsen, die ihre Potentiale entfalten und die dadurch letztendlich auch die bestmögliche Bereicherung für Politik und Ökonomie sein werden. Alles andere beruht auf Misstrauen oder Ungeduld oder noch Schlimmerem. Aus Misstrauen oder Ungeduld presst man die Kinder in standardisierte und normierte Vorgaben. „Da weiß man, was man hat.“ (Und den Preis, den man zahlt, verdrängt man.) „Wer weiß schon, was herauskommt, wenn man rein aus Menschenerkenntnis heraus erzieht? Vielleicht kommen dabei Kinder heraus, die unser System in Frage stellen? Lieber nicht. Ehe das passiert, stellen wir sicher, dass die Kinder so unterrichtet werden, dass es unseren eigenen Idealvorstellungen entspricht.“[49]

Sehr verehrte Damen und Herren, stellen Sie sich vor, was passieren würde, wenn man den Kultusministerien die Verwaltung der Schulen entziehen würde. Glauben Sie, dass das einfach wäre? Es käme sicherlich zu einer Grundsatzdebatte darüber, ob das mit dem Grundgesetz Artikel 7 vereinbar wäre. Dort steht in Paragraph 1: „Das gesamte Schulwesen steht unter der Aufsicht des Staates." De facto steht aber das Schulwesen nicht nur unter der *Aufsicht* des Staates, sondern auch unter der *Verwaltung* des Staates. Das heißt: Der Staat gibt nicht nur die Rahmenbedingungen vor, sondern er mischt sich inhaltlich ein, nämlich von den Lehrplänen über die Lehrerausbildung bis hin zu den Prüfungen. Der Staat gibt vor, was in den Schulen zu passieren hat und dann gibt es zusätzlich, ähnlich wie in der Bundeswehr, das Prinzip der inneren Führung des einzelnen Soldaten und des einzelnen Lehrers.
Glauben Sie, dass irgendein Staat dazu bereit wäre, die Verwaltung des Schulwesens an die Selbstverwaltung der Pädagogen abzugeben? Ich vermute, dass heute kaum ein Staat dazu bereit wäre, die *Souveränität der Pädagogik* anzuerkennen genauso wenig wie König Ludwig XVI. von Frankreich 1789 bereit war, die Souveränität des Volkes anzuerkennen. Und so wie Ludwig XVI. die Volkssouveränität für eine verquere Idee und gefährlich hielt, so halten die heutigen Staaten die pädagogische Souveränität für völlig abwegig und gefährlich. Pädagogisch befinden wir uns also immer noch in einem Ancien Régime. Wer heute in Anlehnung an Schillers „Don Carlos" als ein pädagogischer Marquis de Posa die Kultusminister bitten würde: „Geben sie die pädagogische Freiheit. (...) Ein Federzug von Ihrer Hand und neu erschaffen wird die Erde", der würde die gleiche Antwort erhalten, die König Philipp

gegeben hat: „Sonderbarer Schwärmer". Und genauso ist es, wenn man es nicht mit den Worten des Marquis de Posa, sondern mit den Worten Rudolf Steiners sagte:

„Einrichtungen, die aus den bloßen Gesichtspunkten einer wirtschaftlichen Ordnung das Schulwesen regeln wollten, wären der Versuch einer (...) Unterdrückung der Freiheit. (...) Wer diese Dinge überschaut, für den wird die Begründung einer Menschengemeinschaft, welche die Freiheit und Selbstverwaltung des Erziehungs- und Schulwesens energisch erstrebt, zu einer der wichtigsten Zeitforderungen. Alle anderen notwendigen Zeitbedürfnisse werden ihre Befriedigung nicht finden können, wenn auf diesem Gebiete das Rechte nicht eingesehen wird." (GA 24, 43)

Erziehung und Unterricht *rein aus Menschenerkenntnis* sind im Vergleich zum herkömmlichen System wirklich eine kopernikanische Revolution der Pädagogik. In den bestehenden Waldorfschulen bemerkt man als Außenstehender davon vor allem deshalb so wenig, weil auch die Waldorfschulen heute die vorgegebenen staatlichen Ziele weit oben auf ihrer Agenda haben. Sie versuchen, die staatlichen Ziele mit menschenkundlich besser fundierten Methoden zu erreichen. Das heißt: Die bestehenden Waldorfschulen sind in vielen Punkten *keine* Revolution. Sie sind eine Reform. Das heißt: Sie machen das, was auch sonst gemacht wird, aber sie machen es etwas anders. Mancher mag enttäuscht sagen, das sei nicht viel. Mag sein. Aber es ist mehr als nichts, denn zum Beispiel eine signifikant bessere Erwachsenen-Gesundheit der ehemaligen Waldorfschüler ist weit mehr als nichts. (Vgl. die erwähnte Studie des Robert Koch Instituts.) Die Erziehungskunst Rudolf Steiners in ihrer Reinheit – nämlich als Pädagogik rein aus Menschenerkenntnis – *ist* eine Revolution. Allerdings ist es eine Revolution, die heute immer nur in homöopathischer Dosis stattfindet. Das meinte Steiner, wenn er von dem Spagat sprach zwischen dem Ideal, rein aus Menschenerkenntnis zu unterrichten und der schmiegsamen Anpassung an die Anforderungen des öffentlichen Systems, denen man unterworfen ist. Ich lese das Zitat deshalb noch einmal vor:

„Zwei widersprechende Kräfte sind (in unserer Schule) in Einklang zu bringen. Auf der einen Seite müssen wir wissen, was unsere Ideale sind (nämlich Erziehung rein aus Menschenerkenntnis), und müssen doch noch die Schmiegsamkeit haben, uns anzupassen an das, **was weit abstehen wird von unseren Idealen**. *Wie diese zwei Kräfte in Einklang zu bringen sind, das wird schwierig sein für jeden einzelnen von Ihnen. Das wird nur zu erreichen sein, wenn jeder seine volle Persönlichkeit einsetzt. Jeder muss seine volle Persönlichkeit einsetzen von Anfang an."* (GA 300 a, 62)

Aber so sehr es sich auch bei der anthroposophischen Pädagogik um den Beginn einer Zeitenwende handelt, Steiner wollte nicht, dass man eine revolutionäre Pose einnimmt und in eine revolutionäre Fanfare stößt. Die Lehrerinnen und Lehrer sollten zwar wissen, dass es sich im Kern um eine Zeitenwende handelt, aber das sollte man still und bescheiden im Klassenzimmer umsetzen. Nicht posaunen, sondern machen.

20 Gibt es ein wahres Leben im falschen?

Ist das, was Waldorf wirklich will, heute noch machbar?

Frage: Sie sagten eben: „Nicht posaunen, sondern machen.“ Theodor W. Adorno hat den berühmten Satz geprägt: „Es gibt kein wahres Leben im falschen.“ Trifft dieser Satz auf die Waldorfschulen zu? Kann es eine echte Waldorfpädagogik in einem neoliberalen Umfeld geben, das völlig entgegengesetzte Ziele verfolgt?

Ich habe im Vortrag vorhin darüber gesprochen, *warum* es Steiner 1919 im Zuge der Dreigliederungsbewegung darum ging, das Bildungs- und Erziehungswesen von den wirtschaftlichen und staatlichen Vorgaben frei zu machen. Das ist nicht gelungen. Aber man unterschätzt, was die Spätfolgen dieses Scheiterns sind. Lesen sie dazu bitte nach, wie es zu dem Bologna-Prozess auf dem Bildungssektor gekommen ist. Lesen Sie nach, wie es zwei Handvoll Menschen gelungen ist, ohne eine breite öffentliche Diskussion das Bildungssystem in das Korsett fataler Standardisierungen zu zwängen. Der Bologna-Prozess ist das Gegenteil von dem, was Waldorf wirklich will. Steiner scheint das vorausgesehen zu haben. Am 20. 8. 1919 sagte er den damaligen Lehrerinnen und Lehrern:

„Die Politik, die politische Tätigkeit von jetzt wird sich dadurch äußern, dass sie den Menschen schablonenhaft behandeln wird, dass sie viel weitergehend als jemals versuchen wird, den Menschen in Schablonen einzuspannen. Man wird den Menschen behandeln wie einen Gegenstand, der an Drähten gezogen werden muss und wird

sich einbilden, dass das einen denkbar größten Fortschritt bedeutet.“ (GA 300 a, 61)

Mit dem, was durch den Bologna-Prozess in Gang gesetzt wurde, produziert man – überspitzt formuliert – zwei Klassen von Schülern: Auf der einen Seite bildet man willige Konsumenten aus, die mit Brot und Spielen ruhiggestellt werden. (Man schaue sich doch an, womit sich unglaublich viele Schülerinnen und Schüler heute die meiste Zeit beschäftigen.) Auf der anderen Seite wird eine Elite gebildet, die an den leitenden Positionen stehen wird. Und viel zu viele Menschen dieser Eliten haben aufgrund des Schulsystems eine Mentalität, in der sich alles nach dem nächsten Gehaltsbonus richtet. (Wenn die Geschichten des Diesel-Skandals oder der Boeing 737 Max einmal vollständig aufgearbeitet sein werden, wird man sehen können, wie viele Entscheidungen und wie viele Gewissen durch die Gier nach dem Bonus korrumpiert wurden, der eben nur bei bestimmten Quartalszahlen ausgezahlt wird.) All diese Auswüchse sind aber letztlich die unweigerliche Folge dessen, dass das Schulsystem nicht befreit wurde und deshalb zu wenig die „Leber-Mentalität“ in den Schülern freigelegt werden konnte (Siehe Kapitel 11). Der Ent-Individualisierungswahn von Bologna wird – verzeihen Sie, wenn ich das radikal ausspreche – in Zukunft als ein Verstoß gegen die Menschlichkeit durchschaut werden. *Empfunden* wird das schon jetzt von Abertausenden von Lehrern und Professoren, über deren Köpfe hinweg man den Bologna-Prozess in Gang gesetzt hat. Aber kaum jemand durchschaut, dass Bologna nur möglich war, weil das Schulsystem nicht befreit wurde. Die meisten Bologna-Kritiker wollen heute eigentlich nur den status quo ante. „Lasst es uns so machen, wie es vorher war." Wer so denkt, sieht nicht, dass auch das, was vorher war, die Keime des Bologna-Prozesses bereits in sich trug. Halbe Revolutionen führen zu ganzen Katastrophen. Wer das Schulsystem nur halbherzig reformieren will, erntet die ganze Katastrophe von Bologna. Und wie viele Millionen von Menschen haben sich längst willig damit abgefunden?

Vor diesem Hintergrund erscheint das, was heute in den Waldorfschulen lebt, „nur" eine Abmilderung der staatlichen Formen zu sein und die Sozialwissenschaftler der Frankfurter Schule, Adorno, Horkheimer oder Marcuse, hätten vielleicht dazu gesagt, dass die Waldorfschulen längst nicht nur ein zahnloser Tiger, sondern „affirmativ" geworden seien. „Affirmativ" heißt „bestätigend". Die Waldorfschulen würden das staatliche System bestätigen und sogar festigen. Denn indem einige Waldorf-Prinzipien vom Staat übernommen wurden, würden diese Prinzipien zur Stabilisierung des staatlichen Systems beitragen, und dadurch verhindern, dass dieses überwunden wird. Das wäre in etwa die Denkweise der Frankfurter Schule gewesen. Ich persönlich sehe das anders. Meine Antwort auf die erste Ihrer beiden Fragen lautet: Doch, es gibt ein wahres Leben im falschen. Meine Kronzeugen und archetypischen Vorbilder dafür sind – verzeihen Sie, wenn das jetzt sehr hoch gegriffen ist – das Leben von Buddha oder das des Jesus von Nazareth und seiner Schüler in der Provinz Syrien des imperialistischen Römischen Reiches. Oder das Leben von Nelson Mandela im Gefängnis von Robben Island. Oder die Geschichte von Joseph und seinen Brüdern im Alten Testament. Joseph wurde von seinen Brüdern in die Sklaverei verkauft. In Ägypten kam er ins Gefängnis. Er hätte dort verzweifeln können, aber das tat er nicht. Seine geistigen

Fähigkeiten und seine innere Stärke führten dazu, dass er einigen Mitgefangenen helfen konnte. So wurde er empfohlen und schließlich der oberste Berater des Pharaos mit enormem Einfluss. Dieses Modell ist mir persönlich lieber als die von Ihnen zitierte Formel Adornos „Es gibt kein wahres Leben im falschen." An dem Satz Adornos ist zwar viel mehr dran als einem lieb sein kann. Das gebe ich zu. Aber ich bin nicht einverstanden damit, wenn dadurch Ohnmacht zementiert würde.

Als weiteren Kronzeugen zitiere ich ein Wort des mittelalterlichen Mystikers Meister Eckehard: „Um wen es recht bestellt ist, dem ist es an allen Orten und unter allen Menschen recht." Das heißt: Wer die Tiefe der Waldorfpädagogik recht liebt, der wird sich an allen Orten und unter allen Menschen dafür einsetzen und er wird die rechten Wege suchen, seine Weggenossen zu überzeugen oder – wie Joseph – sogar zu begeistern. Das heißt: Die *Zeitenwende der Pädagogik* fand nicht bloß 1919 statt. „Zeitenwende" kann immer stattfinden. Sie findet *jetzt* statt, nämlich in jedem Moment, in dem eine Lehrerin oder ein Lehrer wirklich aus Menschenerkenntnis arbeitet und dadurch dem einzelnen Kind hilft. Das kann in einer Waldorfschule stattfinden und genauso in einer staatlichen Schule. Meine Antwort auf Ihre zweite Frage (*„Kann es eine echte Waldorfpädagogik in einem Umfeld geben, das völlig entgegengesetzte Ziele verfolgt?")* lautet deshalb: Ja.[50]

Hat die Waldorfpädagogik heute das Potential, gesellschaftsverändernd zu wirken und zum Beispiel das Schulsystem aus dem Einfluss von Wirtschaft und Politik herauszulösen?

Das scheint momentan in Europa, in Amerika und in Asien sehr unrealistisch. Aber ausschließen kann man es nicht. Manchmal genügt ein einziger Joseph oder ein einziger David.

21 Und was will Waldorf **nicht**?

Über die Nierenfunktion in einem sozialen Organismus

Beliebigkeit. Waldorf will nicht Beliebigkeit. Das heißt: Als Lehrer fühle ich die Verpflichtung, die beträchtliche Freiheit, die ich an einer Waldorfschule habe, nicht zu verwechseln mit subjektiver Willkür. „Waldorf" heißt nicht „Anything goes".

Ich möchte Ihnen dazu einen Vergleich schildern. In unserem Körper haben wir die Nieren. Sie sind eine Art Filter. Das sauerstoffreiche Blut fließt vom Herzen in den unteren Blutkreislauf und wird dabei durch die beiden Nieren geschleust. Die Nieren filtern nun das Blut. 1800 Liter pro Tag. 2,4 Millionen Nierenkörperchen in der Nierenrinde und Myriaden von gewundenen Nierenkanälchen im Nierenmark übernehmen diese Aufgabe. Sie „scannen" das Blut. Wenn die Nieren zum Beispiel feststellen, dass zu wenig rote Blutkörperchen im Blut sind (weil wir eine Bergwanderung in großer Höhe unternehmen und dort der Sauerstoffgehalt der Luft zu gering ist), dann geben die Nieren beim Rückenmark die Produktion von mehr roten Blutkörperchen in Auftrag. Sie senden das Hormon Erythropoetin aus (das legale, hausgemachte EPO), das das Knochenmark dazu anregt, mehr rote Blutkörperchen zu produzieren. Die Nieren untersuchen dann weiter, ob Fremdkörper im Blut sind, die den Körper vergiften würden. Solche Fremdkörper werden dann aussortiert und im Urin ausgeschieden. Woher wissen die Nieren, was ein Fremdkörper ist? Sie können doch gar nicht alle Fremdkörper kennen? Nein, das nicht, aber die

Nieren scheinen zu wissen, welche Substanzen im Blut für den Körper notwendig sind. Zucker, Magnesium, Salze, Wasser und etliches mehr. Wenn aber Substanzen im Blut sind, die nicht zum Organismus passen, dann sondern die Nieren diese Substanzen aus. Sofort. Es gibt dann keine Nieren-interne Debatte darüber, ob man diese Substanzen nicht vielleicht doch noch integrieren könnte.

Vermutlich braucht jeder *soziale* Organismus (jede Firma und jede Schule) eine Art Nierenfunktion. Das heißt, man braucht ein Organ, das einen klaren Blick dafür hat, was dem Organismus schadet und was nicht. (Zum Beispiel braucht eine Organisation eine Compliance, in der festgehalten wird, welches interkollegiale Verhalten zur Firmenkultur gehört und welches Verhalten nicht geduldet wird, oder welche Forschungsmethoden angewendet werden und welche Woodoo-Methoden eben nicht.) Fehlt ein solches Organ (z. B. eine Compliance) oder arbeitet es nicht gut, dann leidet der Organismus an Nierenversagen und letztlich führt das zu Schädigungen. Die Herausforderung besteht darin, im Bereich der Schulen ein den Nieren (und der Milz) entsprechendes Organ zu entwickeln. Das ist deshalb so schwierig, weil eine Nierenfunktion schnell als *Zensurbehörde* empfunden wird. Das ist zu Recht verpönt.
Soll etwa eine Zensurbehörde entscheiden, was „waldorfkonform“ ist und was nicht?

Meine Antwort: Ich lege diese Entscheidung, so weit es nur geht, in die Verantwortung des Einzelnen. Wenn ein Kollege zum Beispiel in der Tierkundeepoche der 4. Klasse 32 Tabletts einsetzt, weil die Kinder da tolle Video-Clips zum

Tintenfisch, zur Maus und zum Schaf anschauen können und weil sie auf dem Tablett etliche Informationen zu diesen Tieren abrufen können und dabei – wie dann argumentiert wird – „viel Spaß" haben, dann bin ich mir ziemlich sicher, dass so etwas das Gegenteil von Waldorf ist. Trotzdem knöpfe ich mir jetzt nicht den Kollegen vor und sage ihm: „Hör mal gut zu, junger Freund, das geht gar nicht! Das hat nichts mit Waldorf zu tun! Du lässt ab sofort so einen Unfug bleiben oder das war's hier für dich. Haben wir uns verstanden?" Die Niere würde es zwar genau so machen wie ich es nicht machen würde (sie wirft in Bruchteilen einer Sekunde die Fremdkörper raus), aber für eine Waldorfschule scheint mir ein derartiges Vorgehen kontraproduktiv zu sein. Ich versuche stattdessen, die Nierenfunktion in den Kolleginnen und Kollegen selber zu aktivieren. Das funktioniert allerdings nur, wenn der neue Kollege in den ersten Jahren neben seiner Lehrertätigkeit die Waldorfpädagogik gründlich studiert. Es genügt nicht, wenn er nur mit seinen Vorurteilen über das, was Waldorf ist, durchs Klassenzimmer navigiert. Dieses fortgesetzte Studium kann ich aber nur *vor* der Einstellung von jemandem verlangen, denn im Nachhinein wird das sehr mühsam. Im Verlauf des Einstellungsverfahrens sage ich ihm: „Wir erwarten von dir, dass du in den ersten drei Jahren die Quellen *im Original* kennst und deshalb diese oder jene 9 pädagogischen Werke von Steiner im Original gründlich durcharbeitest. Das sind 3 Werke pro Jahr und das ist nicht zu viel verlangt. Danach entscheidest *du selbst*, ob du dich mit dieser Pädagogik verbinden willst und ob du sie dein Lehrerleben lang weiterentwickeln willst oder nicht. *Nicht ich* werde entscheiden und über dich urteilen. DU entscheidest und ich vertraue dir, dass du eine ehrliche Entscheidung treffen wirst."

An dieser Stelle im Bewerbungsvorgang ist dann der Kollege *frei*, ob er sich darauf einlassen will oder nicht.
Wenn ich das aber nicht mache, wenn ich also nicht dem neuen Kollegen abverlange, dass er sich in einem nie abgeschlossenen Prozess intensiv mit dem Kernanliegen der Waldorfpädagogik befasst (sondern wenn ich blauäugig davon ausgehe, dass er sie schon genügend kennt), dann handele ich fahrlässig gegenüber dieser Pädagogik und dann muss ich mich auch nicht wundern, dass ich nach einigen Jahren solche Diskussionen führen muss wie die über die Tabletts in der vierten Klasse. Mir fallen in einem solchen „Fall" die Versäumnisse der Vergangenheit auf die Füße. Nur wenn der neue Kollege in seinem Deputat genug Raum bekommen hat, um die Waldorfpädagogik wirklich weiter zu studieren – über das Maß dessen hinaus, was er auf dem Seminar gelernt hat (wenn er denn auf einem Seminar war) – nur dann wird er in die Lage versetzt, *selbst* zu erkennen, dass die Tabletts in der vierten Klasse nichts zu suchen haben. Er wird dann selbst verstehen, was dadurch mit den Fantasiekräften der Kinder passiert. Er wird selbst verstehen, was mit der Perzeption als solcher passiert, er wird selbst sehen, wie der Einsatz der Tabletts dem pädagogischen Hauptgesetz widerspricht und vieles mehr. Ich muss ihm das nicht als notorischer Besserwisser erklären. Wir können uns schnell verständigen. Aber wenn die hier skizzierten Voraussetzungen *nicht* gegeben sind, dann wird es unendlich mühsam und misslich.

Mit anderen Worten: Die Nierenfunktion ist so weit wie nur irgend möglich in das Gewissen des Einzelnen zu legen. Das schließt im Übrigen etwas Wichtiges ein: Jeder darf pädagogische Fehler machen. (Ich selbst habe mehr Fehler gemacht als mir lieb ist.) Die Frage ist, ob sich hinterher das menschenkundliche Gewissen meldet. Und dazu kann es sehr hilfreich sein, wenn mich ein Kollege dabei unterstützt. So habe ich einmal als junger Kollege zu Michaeli eine große Tagung für die Oberstufe organisiert. Anschließend sagte mir mein Freund Kerim Doosry: „Du hast mit der Tagung das Gegenteil vom dem gemacht, was unsere Pädagogik will.“ Natürlich tut so etwas im ersten Moment weh. Aber es hat mich angeregt, mein Gewissen zu befragen. Und da musste ich Kerim Doosry recht geben.

So viel wie möglich die Nierenfunktion in die Verantwortung des Einzelnen zu legen – das ist das eine. Aber eine Schule kommt nicht umhin, *im Notfall* auch die Reißleine ziehen zu müssen. So wie es in Deutschland den Bundespräsidenten gibt, der die vom Bundestag und Bundesrat verabschiedeten Gesetze noch gegenzeichnen muss, so braucht es auch in einer Schule eine Instanz der Letzt-Verantwortung. Das ist nichts Verwerfliches, sondern sollte selbstverständlich sein. Auch für pädagogische Maßnahmen muss das selbstverständlich gelten. Das heißt: Die Gemeinschaft der Lehrerinnen und Lehrer muss auch ein „Nieren-Organ“ schaffen und Menschen in ein solches Gremium wählen, die in letzter Instanz die Nierenfunktion für die Schule übernehmen. *Dass* es ein solches Gremium gibt und *warum* es das gibt, und *wann* es *wie* nach welchen Regeln eingreift, das ist freilich allen Beteiligten *vorab* zu kommunizieren, den Eltern genauso wie den Kolleginnen und Kollegen.
Natürlich kann im Einzelfall eine Entscheidung eines Nieren-Gremiums auch falsch sein, da menschliche Entscheidungen falsch sein können. Aber das ändert nichts an der Notwendig-

keit, dass ein Organismus entscheiden können muss, was ihm schadet und was nicht. Ansonsten wäre die Angst vor dem Irrtum der schlimmere Irrtum.

Und noch etwas: Zuweilen wird argumentiert, dass das Lesen der pädagogischen Werke von Steiner doch freiwillig sein sollte. Selbstverständlich. Selbstverständlich sollte das Lesen der pädagogischen Werke Steiners freiwillig sein, solange es eine private Angelegenheit ist. Aber jede Organisation hat eine *Leitungsaufgabe*. Das heißt: Sie hat die Pflicht, dafür zu sorgen, dass die „Mission" der jeweiligen Organisation von Jahr zu Jahr stärker umgesetzt wird. (Siehe Kapitel 16) Bei der Waldorfschule ist das die Waldorfpädagogik. Also hat die Schulleitung die Pflicht, dafür zu sorgen, dass die Mitarbeiter der Schule die Waldorfpädagogik *gründlich* kennen. Es gibt aber keine *gründliche* Kenntnis ohne ein Studium der pädagogischen Originalvorträge Steiners. Ohne die Kenntnis der Vorträge gibt es in aller Regel – bis auf ganz wenige Ausnahmen – nur eine oberflächliche Kenntnis. Du kannst auch nicht über den Philosophen Kant ein fundiertes Wissen haben, wenn du nie seine wichtigsten Werke (also mindestens die drei „Kritiken") studiert hast. Und du kannst die Waldorfpädagogik nicht wirklich kennen, wenn du nicht Steiners pädagogisches Werk im Original studiert hast. Das bedeutet ausdrücklich *nicht*, dass man alles im Detail genauso machen muss, wie es damals 1919 gemacht wurde. Das wäre Unfug. Darum geht es nicht. Es geht darum, dass man die Grundanliegen versteht. Und das ist nicht möglich ohne Studium. (Auch dieser Vortrag ist kein Ersatz.)
Ob jemand als Privatmensch Steiner studiert, ist seine Sache. Da sollte wirklich niemand hereinreden. Aber eine Schule

ist etwas anderes. Sie *muss* es verlangen, *wenn* sie ihre Leitungsaufgabe ernst nimmt. Und das schränkt die Freiheit des Menschen auch nicht ein, solange man jedem *vorab*, nämlich im Bewerbungsverfahren, sagt, was von ihm erwartet wird. Dann ist jeder frei zu sagen, ja oder nein. Mache ich oder mache ich nicht. *Hier*, an dieser Stelle liegt seine *Freiheit*. Sie wird nicht angetastet. Und nach drei Jahren des Studiums während der Arbeit an der Schule kommt es noch einmal zu einer freien Entscheidung. Ich frage den jungen Kollegen: „Nun, wie sieht es jetzt für dich aus? Du kennst jetzt das, worum es in der Waldorfpädagogik wirklich geht. Du bist, wenn du Steiner gelesen hast, sogar auf eine bestimmte Weise mit ihm selbst in Kontakt getreten und nicht nur über Dritte. Willst du dich aus Freiheit für die Steinersche Pädagogik einsetzen?“ Und ich frage das *jeden* Kollegen, nicht nur den Klassenlehrer, sondern auch die Kunstlehrerin der Oberstufe und die Werklehrer. Es geht um die *ganze* Gemeinschaft. Alle sollten einen Mindeststand der gleichen Information haben. Das hat mit Zensur nichts zu tun und auch nichts mit „Schriftgelehrtentum“. Es ist das Gegenteil von Zensur. Es ist gründliche Information.

Es ist sogar so: Nur dann, wenn jeder Kollege wenigstens die wichtigsten pädagogischen Werke Steiners im Original kennt, kann er sich *frei* entscheiden. Wenn er sie nicht kennt, limitiert das sofort seine Freiheit. Freiheit ist nur auf der Grundlage von möglichst vollständiger Information möglich. So paradox es auch klingt: Gerade diejenigen, die sagen, das Studium der Werke Steiners solle in einer Schule freiwillig sein, *untergraben die Freiheit*. Sie verwechseln die Privatsphäre mit dem Auftrag einer Institution. Ein Missverständnis mit

Folgen. Es hängt viel davon ab, dass man dieses Missverständnis liebevoll aufklärt. (Es ist ja in der Regel nicht aus bösem Willen entstanden.) Aber es ist eben ein Missverständnis und es führt dazu, dass eine Schule ihrer wichtigsten Leitungsaufgabe nicht nachkommt. Dieser Fehler führt dann auf Dauer zur Beliebigkeit. Und das ist das, was Waldorf nun wirklich *nicht* will: Beliebigkeit. Denn Beliebigkeit ist das Gegenteil von Freiheit.

22 Waldorf in den nächsten hundert Jahren?

Wie bereiten wir die Kinder auf das 21. Jahrhundert vor?

Steiner legte den Lehrern ans Herz, dass sie die Schülerinnen und Schüler auf *die große Schule des Lebens* gut vorbereiten. Auf welches Leben? Einerseits auf die jeweils moderne Welt und ihre Technologien und kulturellen Leistungen. Waldorfschüler sollen grundsätzlich die modernen Kulturtechniken nicht nur anwenden können. Sie sollen auch fähig sein, sie in ihren Grundlagen zu verstehen und in übergeordnete Zusammenhänge einzuordnen. Andernfalls steht man in Gefahr, dass sich bei der Handhabung von Technologien das Verhältnis von Diener und Herr umkehrt. Technik soll dem Menschen dienen. Kippt das Verhältnis um, wird der Mensch zum Diener der Technik. Oder zu ihrem Sklaven. *Wer nur Anwendungen beherrscht, beherrscht nicht, sondern wird beherrscht.* Technologien selbstbestimmt und nicht sklavisch einsetzen können – das ist ein Ziel der Waldorfpädagogik in jeder geschichtlichen Epoche. Aber das ist nicht alles. Es gibt auch noch eine ethische Perspektive und die kann einen umtreiben.

Wir können uns Folgendes vor Augen führen: die Schülerinnen und Schüler der Schuljahre 1919 bis 1924 waren auf ihre Zukunft gut vorzubereiten. Das hieß damals, dass diese Kinder der ersten Waldorfschule auch auf die Zeit von 1933 bis 1945 vorzubereiten waren. Was wäre eine gute Vorbereitung auf diese Zeit gewesen? Wie bereitet man Kinder darauf vor, als Erwachsene in einer solchen Weise durch die moralischen

Orkane des Lebens hindurchzugehen, dass sie dabei nicht ihre Integrität verlieren?

Rudolf Steiner hat mehrfach vorausblickend über die Zeit nach 1933 gesprochen und dabei zwei sehr gegenläufige Impulse benannt. Auf der einen Seite sprach Steiner davon, dass es ab dieser Zeit möglich sein werde, dasjenige Wesen, was historisch der „Christus“ genannt wurde, auf ganz neue Weise geistig real zu erleben. Steiner betonte wieder und wieder, dass diese neue Erscheinungsform des Christus nicht verschlafen werden sollte. In dem Buch von Hans-Werner Schröder „Die Wiederkunft Christi“ finden sich dazu nicht nur hervorragende Erläuterungen, sondern auch tief bewegende historische Dokumente. (Ich selbst hatte Schüler, die mir von ihren persönlichen Erfahrungen und Christus-Begegnungen in schwierigen Lebenssituationen berichtet haben.)

Welche Rolle spielt die Wiederkunft Christi für die Pädagogik? Für mich war und ist das eine zentrale Frage. Ich habe sie allerdings nie direkt vor den Schülerinnen und Schülern thematisiert, es sei denn, ich wurde von Schülern darauf angesprochen.

Auf der anderen Seite hat Rudolf Steiner die Priester der Christengemeinschaft auf einen gegenläufigen Aspekt der Ereignisse ab 1933 vorbereitet, nämlich auf den Impuls, der dem Nationalsozialismus zugrunde liegt. Meines Wissens hat er nur zu den Priestern dermaßen deutlich über das gesprochen, was ab 1933 kommen wird. Wenigstens die Priester sollten wissen, um was es sich handelt. Wir dürfen uns ja heute nicht über etwas hinwegtäuschen: *Wir* wissen, wie die

Geschichte ausging. Aber wir wissen es im Rückblick. Doch nur einer Minderheit war Anfang 1933 klar, um was es sich wirklich handelte. Aber bereits 10 Jahre *zuvor* (!) erklärte Steiner den Priestern der Christengemeinschaft, dass es ab 1933 zu dem kommen wird, was in der Apokalypse des Johannes das „Aufsteigen des Tieres" genannt wird. Noch einmal: Das sagte Steiner nicht im Rückblick, sondern 10 Jahre im Voraus.

Wie ist das heute, frage ich mich. Können wir voraussehen, was kommen wird und worauf wir die Kinder vorzubereiten haben? Sie einfach nur passend zu machen für die Industrie 4.0 und weitere technologische Tendenzen, die sich jetzt anbahnen – ist das eine gute Idee?
Ich versuche es sehr ernst zu nehmen, was Steiner den damaligen Lehrerinnen und Lehrern ans Herz legte:

„Wir dürfen nicht bloß Pädagogen sein, sondern wir werden Kulturmenschen im höchsten Grade, im höchsten Sinne des Wortes sein müssen. Wir müssen lebendiges Interesse haben für alles, was heute in der Zeit vor sich geht, sonst sind wir für diese Schule schlechte Lehrer. Wir dürfen uns nicht nur einsetzen für unsere besonderen Aufgaben (in der Schulstube). Wir werden nur dann gute Lehrer sein, wenn wir lebendiges Interesse haben für alles, was in der Welt vorgeht. Durch das Interesse für die Welt müssen wir erst den Enthusiasmus gewinnen, den wir gebrauchen für die Schule und für unsere Arbeitsaufgaben. Dazu sind nötig Elastizität des Geistigen und Hingabe an unsere Aufgabe. Nur aus dem können wir schöpfen, was heute gewonnen werden kann, wenn Interesse zugewendet wird erstens der großen Not der Zeit, zweitens den großen Aufgaben der Zeit, die man sich beide nicht groß genug vorstellen kann." (GA 300a, 63)

Ich lese zum Beispiel bei Yuval Harari in seinen Büchern „Homo deus“ und „21 Ratschläge für das 21. Jahrhundert“ verschiedene Szenarien, die auf den Menschen im 21. Jahrhundert zukommen könnten. Ich lese dort, dass heute Maschinen mit neuen Formen der Intelligenz entwickelt werden, die unbestechlicher arbeiten als der Mensch. Der Mensch unterliegt emotionalen Schwankungen und macht dadurch Fehler. Die neuen Maschinen – so die Prognose – werden in der Lage sein, den Menschen weit zu übertreffen. Der Mensch werde dadurch ersetzbar. Schließlich könnten – so lese ich – die neuen Technologien des 21. Jahrhunderts das Individuum seiner Macht berauben und stattdessen nicht-menschliche Algorithmen damit betrauen. Die Folge wäre eine Masse nutzloser Menschen und eine kleine Elite optimierter Übermenschen. Das könnte auch den Lehrerberuf betreffen. Wenn in einigen Jahren oder Jahrzehnten Nano-Roboter ins Gehirn gehen können, um dort punktgenau die nötigen Transmittersubstanzen an die entsprechenden Synapsen zu bringen, und wenn das mit hochgradig ausgeklügelten Lernprogrammen kombiniert wird, dann wird man argumentieren, dass diese Technik jedem Lehrer weit überlegen sein werde. (Ähnliches – so Yuval Harari – könnte auf den Beruf der Ärzte zukommen.) Wer heute als Lehrer die möglichst frühe Einführung neuer Technologien im Unterricht forciert, der ahnt kaum, dass er damit die Wege bahnt, die in letzter Konsequenz zu seiner eigenen Abschaffung führen.

Ich lese also, dass die neuen technischen Möglichkeiten uns Wege zur Optimierung von Körper, Gehirn und Geist eröffnen werden. Sie werden – so das Heilsversprechen – uns den Zugang zu neuen Bewusstseinszuständen ermöglichen.

Der seit der Epoche des Humanismus geheiligte menschliche Wille könne in Zukunft – zum Beispiel durch Nano-Roboter – manipuliert werden. (Danach habe ich mir ein Video angeschaut, das einen Käfer zeigt, in dessen Nervensystem bereits Nanoroboter eingeschleust wurden, und der anschließend über eine App auf dem Smartphone ferngesteuert wird, und ich beginne zu begreifen, dass der Film „Matrix" nicht Science-fiction war, sondern ein prophetischer Dokumentarfilm.)
Weiter nehme ich zur Kenntnis, dass man das Universum als Datenströme verstehen könne, die mittels Algorithmen verknüpft sind. Im Kern gehe es um die Sammlung und Analyse von Informationen. Die menschliche Vorstellungskraft sei lediglich das Produkt biochemischer Algorithmen. Das homozentrische Weltbild des Humanismus werde durch eine data-zentrische Weltsicht ersetzt. Bewusste Intelligenz werde durch überlegene nicht-bewusste Algorithmen ersetzt.

Das Erstaunliche: Steiner hat auch diese Tendenzen vorab erstaunlich präzise beschrieben:

„Wir haben ja heute schon Maschinen zum Addieren, Subtrahieren: nicht wahr, das ist sehr bequem, da braucht man nicht mehr zu rechnen. Und so wird man es auch machen mit allem. Das wird nicht lange dauern, ein paar Jahrhunderte – dann ist alles fertig; dann braucht man nicht mehr zu denken, nicht mehr zu überlegen, sondern man schiebt. (Erstaunlich! Wir schieben bzw. wischen heute tatsächlich die Seiten auf dem Smartphone oder Tablett; V.W.) *(…) Das steckt in der Entwickelung des Westens, und das wird kommen durch die Entwickelung des Westens. – Also in diese ganze Entwickelung muss sich auch die geistes- wissenschaftli-*

*che Entwickelung (*und die Waldorfpädagogik; V.W.*) hineinstellen. Das muss sie klar und objektiv durchschauen. Sie muss sich klar sein, dass das geschehen wird: ungefähr im Jahre 2200 und einigen Jahren wird eine Unterdrückung des Denkens in größtem Maßstabe auf der Welt losgehen, in weitestem Umfange. Und in diese Perspektive hinein muss gearbeitet werden durch Geisteswissenschaft (und Waldorfpädagogik; V. W.). Es muss (...) gefunden werden – und es wird gefunden werden –, dass ein entsprechendes* ***Gegengewicht*** *gegen diese Tendenzen da sein kann in der Weltenentwickelung."* (GA 167, S. 100)

Was sind das für Impulse? Was steckt hinter diesen Tendenzen? Welcher Impuls steckt zum Beispiel hinter dem enormen Aufwand, den einzelnen Menschen physisch unsterblich zu machen? Vergleichen Sie das Bestreben, dem Menschen eine *physische* Unsterblichkeit zu verschaffen, mit der pädagogischen Methode, mit der man die Jugendlichen zu einem realen Erlebnis ihres geistigen Unsterblichkeits-Kerns führen kann (Kapitel 5):

„Die schönste Art, zunächst an die unsterbliche Menschenwesenheit heranzukommen, ist die, nun selber zu erfahren nach der Geschlechtsreife, wie dasjenige, was durch Nachahmung in Bildern sich in die Seele ergossen hat, jetzt der Seele selber sich emanzipiert in den Geist herauf, und zu fühlen, wie es übergeht aus dem zeitlichen Wirken in das ewige Wirken, das dann durch Geburt und Tod geht. An diesem Heraufkommen desjenigen, was in richtiger Weise durch die Erziehung in die Menschenseele sich ergossen hat, erlebt man die Unsterblichkeit, denn man erlebt vor allen Dingen deutlich durch Erfahrung, dass man etwas war, bevor man in die physische Welt heruntergestiegen ist ." (GA 309, 80)

Diese zentrale Erfahrung zumindest nicht zu verhindern, sondern sie zu ermöglichen, gehört zu dem, was Waldorf wirklich will. Und was ist das Ergebnis eines einseitigen Materialismus?

„Der Materialismus bewirkt, dass der Mensch ein Denkautomat wird, dass der Mensch ein Wesen wird, das als physisches Wesen denkt, fühlt und will. (…) Die Menschheit steht dadurch in der Gefahr (…) das Seelische-Geistige zu verlieren. (…) Wir leben in einer Zeit, in der die Menschen die Gefahr vor sich haben, durch den materialistischen Impuls die Seele zu verlieren. Dies ist eine ernste Sache.“ (GA 300a, 164)

Sehr verehrte Anwesende, es gab im 20. Jahrhundert bereits zwei Versuche, einen „neuen Menschen“ zu schaffen: den *homo communisticus* und *die blonde Bestie*. Worum handelt es sich bei dem Bestreben, das wir jetzt erleben? Ist es eine dritte Variante der Schaffung eines Übermenschen, nämlich des *homo digitalis*? Möglich machen soll es vor allem ein Zusammenwirken von Robotik, Nano-Robotik, Materialwissenschaften, Medizin und Biotechnologie. Es geht, so viel verstehe ich, um die Schaffung eines Neuen Menschen durch die Verschmelzung von Mensch und Maschine. Es handelt sich – so das Nachrichtenmagazin der SPIEGEL (10/2015) – um eine „Hightech-Heilslehre“. Und erstaunlicher Weise geht es wieder angeblich um die Rettung der ganzen Welt. Die Protagonisten des dritten Anlaufs zu einem neuen Menschen haben – so ihr Kritiker (und ursprünglicher Pionier) Jaron Lanier – einen messianischen Anspruch: Die Menschheit soll diesmal nicht am „deutschen Wesen“, aber an der Hightech-Heilslehre genesen.

Die derzeitigen Protagonisten glauben an eine bessere Zukunft durch Technologie: Das Altern soll gestoppt, der Krebs besiegt werden. Geschaffen werde eine „Menschheit 2.0". Mensch und Maschine nähern sich so weit an, dass es zu einem nächsten Urknall komme. Danach werde die Welt eine andere sein. Das menschliche Leben werde unwiderrufbar ein anderes sein.

Ich staune über diese Mischung aus esoterischem Hippie-Denken, knallhartem Kapitalismus und digitalem Technizismus, die in Kooperation das alles möglich machen sollen. Dabei – so lese ich – beschleunige sich diese Entwicklung exponentiell und genau das verstärke die Zuversicht der Macher: *„Wer 30 lineare Schritte macht, legt 30 Meter zurück. Wer 30 exponentielle Schritte macht, legt 1 Milliarde Meter zurück. (1 Million Kilometer) In 25 Jahren werden wir keine Geräte mehr mit uns herum tragen. Abgelöst durch molekulare Nano-Computer und biometrische Sensoren, die uns mit der Welt verbinden."* [51]
Diese enorme Beschleunigung wird derzeit gezielt forciert durch den Ausbau der *Singularity-Universität.* Deren Ziel: Sie will 1000 Absolventen als Nachwuchskräfte für das Projekt „Menschheit 2.0" hervorbringen. Nicht pro Jahr. Pro Tag.

Ich werde bei derartigen Szenarien weder euphorisch, noch ängstlich. Aber hellhörig. Denn eine weitere erstaunliche Geste tritt bei dem skizzierten Unterfangen zutage: Die Rücksichtslosigkeit.
Die Macher der neuen Entwicklung wollen nicht, dass ihnen jemand bei ihrem Projekt reinredet.
Sie verabscheuen deshalb die Politik. Politik stelle mit ihren Gesetzen nur Hindernisse in den Weg. Wenn alte Werte ihrer Vision entgegenstehen, dann müssen andere Werte her

und die alten weg. Dass man diese alten Werte (etwa den Schutz der Persönlichkeit) durch Jahrhunderte mit viel Blut erkämpft hat, spielt keine Rolle. Privatsphäre? Weg damit. Datenschutz? Weg damit.

Liebe Eltern, liebe Kolleginnen und Kollegen, die Frage lautete, wie ich über die nächsten hundert Jahre der Waldorfpädagogik denke. Angesichts der zwei beschriebenen Tendenzen lautet meine Antwort so: Es wird vieles davon abhängen, wie wach und wie kraftvoll wir um ein Verständnis des Menschenwesens, des Menschentums, kämpfen werden. Rudolf Steiner sprach vom Wiedererscheinen des Christus im Ätherischen. Für mich bezeichnet der Ausdruck „Christus" nicht irgendeine Spezialgottheit, die die Angehörigen einer bestimmten Religionsgemeinschaft als ihre Privatdomäne betrachten. Für mich bezeichnet der Ausdruck „Christus" *„das universelle Wesen des Menschentums"*, das alle Religionen und Rassen und Geschlechter verbindet. Steiner sprach von Christus als dem „Menschheits-Repräsentanten". Dieses universelle Wesen wahren Menschentums ist von uns noch lange nicht verwirklicht, denn zu diesem Wesen gehört zum Beispiel die Fähigkeit, seine Feinde lieben zu können. Wer kann das von sich behaupten? Wir stehen, was die Entfaltung des wahren Menschentums betrifft, erst am Anfang. In Jesus von Nazareth war der Christusimpuls bereits voll und ganz inkarniert. *Er* konnte seine Feinde lieben. Wir können das noch nicht. Wir können damit anfangen.
Meine Frage ist deshalb, wie die Waldorfpädagogik gerade angesichts der modernen Techniken und der Verschmelzung von Mensch und Maschine *das wahre Menschentum* nicht verliert, sondern sucht. Steiner:

„Es handelt sich darum, die ganze Pädagogik und die ganze Didaktik in ein elementares Gefühl zusammenzufassen, sodass Sie gewissermaßen in Ihrer Seele die ganze Schwere und Wucht der Aufgabe empfinden: Menschen hineinzustellen in diese Welt (mit ihrer Tendenz, den Intellekt ins Unermessliche zu steigern durch eine Symbiose mit Maschinen und dadurch den Geist des Menschen zu verlieren. V. W.) Ohne das wird unsere Waldorfschule nur eine Phrase bleiben. Wir werden alles Schöne sagen über die Waldorfschule, aber wir werden auf einem durchlöcherten Boden stehen, bis solche Löcher so groß sein werden, dass wir gar keinen Boden mehr haben, auf dem wir herumgehen können. Wir müssen die Sache innerlich wahrmachen. (…) Für mich selbst wird diese Waldorfschule ein wahrhaftiges Sorgenkind sein. Und ich werde immer wieder und wiederum mit meinen Gedanken sorgend auf diese Waldorfschule zurückkommen müssen." (GA 302, 95)

Im Silicon Valley spricht man vom *Transhumanismus*, also von einer Überschreitung des Menschen. Verzeihen Sie, wenn ich das etwas direkt ausdrücke: Der Transhumanismus ist der Versuch, einen technischen Ersatz für etwas zu finden, was in Wahrheit nur durch eine ganzheitliche Erziehung und Selbsterziehung zu erreichen ist. Aber als ob man eine unbewusste Angst davor hat, an sich selbst zu arbeiten (zum Beispiel in Richtung „Feindesliebe" oder in Resonanz mit den Lebenskräften), steckt man Unmengen an Energie, Geld und atemberaubender Intelligenz in einen *technischen Gegenentwurf* zu einem Menschen, dessen Ziel die Entwicklung der wahren Liebefähigkeit zu ungeahnten Größen ist. Erst deklarieren die materialistischen Naturwissenschaften den Menschen zum „intelligenten Tier" und dann will man durch hyperintelligente Technik darüber hinauskommen. „Tier + Supertechnik = Neuer Übermensch". Ich denke, dass es angesichts dieses Impulses vor allem darum geht, den Menschen überhaupt erst zu suchen, bevor man ihn überschreitet. „Ich will ihn suchen." Darin liegt für mich die aktuelle, die zukünftige und die gleichsam „ewige" Bedeutung der Waldorfpädagogik.

Teil 4 Anhang

„Ich versuchte darzustellen, wie sich die Erkenntnis des Menschen selber umgestalten muss aus der bloßen Naturerkenntnis in höhere Erkenntnisformen, wenn der ganze Mensch, also auch der ganze werdende Mensch, das Kind, so begriffen werden soll, dass dieses Begreifen übergehen kann in eine künstlerische Handhabung des Erziehens und Unterrichtens."

Rudolf Steiner (GA 308, 58)

23 Von wegen „entdecken“

Eine Schwierigkeit bei der Steiner-Lektüre

Im zweiten Teil dieses Buches ist von Steiners „Entdeckungen“ die Rede. So habe ich zum Beispiel formuliert, dass Steiner die frühkindliche Prägung der Organe durch die Wahrnehmungen „entdeckt“ habe. (Kapitel 6) Mir ist eingewendet worden, dass diese Ausdrucksweise problematisch sei. Warum? Im wissenschaftlichen Sinne, so sagte man mir, handele es sich nicht um „Entdeckungen“, sondern bloß um Hypothesen. Gefragt wurde:

„Welche Belege führt Steiner für seine Entdeckungen (zum Beispiel der Organprägung) an?

Die irritierende Antwort lautet: Keine. Steiner benennt in seinem Buch „Die Erziehung des Kindes“ keinerlei detaillierte Fakten etwa über die Entwicklung des Darms, der Leber oder der Nieren *unter dem Einfluss der Wahrnehmungen*, die ein Kind macht. Er liefert auch keinen Nachweis dafür, dass es nur ein kurzes Zeitfenster der Prägung der kindlichen Organe gibt und dass danach nur noch Größenwachstum stattfindet. Man mag den von Steiner behaupteten Sachverhalt für noch so plausibel halten, einen Beleg präsentiert er in dem Buch „Die Erziehung des Kindes“ nicht. Kein einziger histologischer Befund. Nirgends.
Für einen modernen Wissenschaftler ist das ein Problem. Steiners Ausführungen treten auf als Behauptungen, die einfach in den Raum gestellt werden. Irritierend ist auch, dass

Steiners Behauptungen zwar sachlich, aber zugleich sehr apodiktisch formuliert sind. Vorsichtige, selbstkritische Zweifel an seinen Thesen äußert Steiner nicht. Aus der Sicht eines Naturwissenschaftlers sind Steiners Darstellungen deshalb bestenfalls Hypothesen, aber eben Hypothesen ohne Belege, die Anhaltspunkte für die Berechtigung der Hypothese geben würden. Kann man unter solchen Umständen davon sprechen, dass Steiner die Prägung der Organe durch die Wahrnehmungen „entdeckt" habe? Hat er den Zusammenhang nicht einfach nur behauptet?

Man kann 100 Jahre nach Steiner zwar darauf hinweisen, dass die Hirnforschung heute in der Lage ist, die Spuren wiederholter Wahrnehmungen in den verstärkten synaptischen Verknüpfungen der Nervenmodule im Gehirn nachzuweisen. Man kann auch darauf hinweisen, dass die Psychosomatik in der Lage ist, zu zeigen, dass Angst oder Aggression dazu führen, dass die Nebennieren Adrenalin ausschütten und dass über das vegetative Nervensystem in der Folge unter anderem die Magen-Darm-Peristaltik gehemmt wird. Wir wissen heute, dass dies bei längerer Einwirkung zu chronischen Verdauungsstörungen führen kann. Mit anderen Worten: Der Einfluss der Seele auf den Körper ist in der modernen Psychosomatik für etliche Zusammenhänge gut erforscht. Aber: Man mag 100 Jahre nach Steiner noch so sehr in der Lage sein, hier und da empirische Belege aus der medizinischen Forschung für Steiners Behauptungen nachzureichen, Steiners Vorgehensweise selbst bleibt für einen modernen Wissenschaftler befremdlich. Ein moderner Wissenschaftler geht nicht so vor wie Steiner. Ein moderner Wissenschaftler legt zusammen mit einer neuen Hypothese immer auch die Fakten vor, die die Hypothese stützen. Steiner tut das nicht, und insofern ist es verständlich, dass die „Community der Wissenschaft" sich schwer damit tut, Steiner als einen der ihren zu betrachten. Er gehört nicht zur wissenschaftlichen Society dazu und zwar aufgrund seiner Vorgehensweise. Und in der Tat, Steiner hat seine Ergebnisse auf anderem Weg gewonnen als es in der Wissenschaft üblich ist. *Wie*, das wird zu klären sein. Vorab zwei Vergleiche. Sie veranschaulichen, wo das Problem liegt und wie es sich löst.

Stellen wir uns einen Menschen A. vor, der auf dem Gebiet der Tonwahrnehmungen mehr oder weniger „intervallblind" ist. Er ist nicht in der Lage, den Unterschied zwischen einer Quinte und einer Quarte zu *hören*, obwohl sein Ohr akustisch völlig in Ordnung ist. Für den Menschen B. ist hingegen die Unterscheidung von Quinte und Quarte überhaupt kein Problem. B. hört zum Beispiel den Zusammenklang der leeren d-Saite und der leeren a-Saite einer Geige und erfasst sofort, dass es sich um eine Quinte handelt. Für den „Intervall-blinden" A. bleibt das eine bloße Behauptung. Wenn A. diese Behauptung überprüfen will, muss er mit einem Frequenz-Messgerät anrücken und die Frequenz beider Töne nachmessen und dann überprüfen, ob beide Frequenzen im Verhältnis von 3:2 stehen. Eine aufwendige Prozedur im Vergleich zum unmittelbaren Hören der Quinte.

Ein ähnliches Phänomen kann man bei solchen Menschen beobachten, die die ungewöhnliche mathematische Begabung haben, geistig zu „sehen", ob eine große Zahl (etwa eine 6-stellige Zahl) eine Primzahl ist oder nicht. Oliver Sacks beschreibt in seinem Buch „*Der Mann, der seine Frau mit einem*

Hut verwechselte" die sechsundzwanzigjährigen Zwillingsbrüder John und Michael. Sacks erzählt, wie er die beiden zum ersten Mal in einer Zimmerecke entdeckte, als sie gerade dabei waren, sich verstohlen gegenseitig Zahlen vorzusagen. „Anfangs schienen sie mir wie Weinkenner, die besondere Geschmackerfahrungen austauschen." Dann begriff Sacks, dass die beiden sich Primzahlen zuraunten. Bei einem nächsten Gespräch ließ Sacks wie zufällig zwei 8-stellige Primzahlen einfließen. Die Zwillinge waren überrascht und dann jubelten sie, als sie erkannten, dass es Primzahlen waren. Nun, Oliver Sacks hatte seine beiden Primzahlen aus einer Tabelle entnommen und auswendig gelernt, aber wie John und Michael ihre Primzahlen fanden, blieb ein verblüffendes Rätsel. Sie schienen nicht zu rechnen. Sie schienen vielmehr einen völlig anderen Zugang zur Welt der Primzahlen zu haben. Mathematiker kommen hingegen bei derart hohen Primzahlen nicht umhin, ein Primzahlen-Prüfprogramm ablaufen zu lassen oder von Hand durchzurechnen. Ähnlich verhält es sich im Fall von Daniel Tammet, der in der Lage war, stundenlang non-stopp für die Zahl Pi die Stellen hinter dem Komma mit seinem inneren Auge „abzulesen" und wie ein Gedicht zu rezitieren, bis er schließlich nach fünf Stunden bei 22 514 Nachkommastellen angelangt war. Das waren 75 pro Minute. Für jede neue Stelle brauchte Tammet also nur 0,8 Sekunden. Ein aberwitzig flottes Tempo. Tammet selbst sagt, dass er dafür nicht rechnet, sondern einfach nur in Zahlworten ausspricht, was er vor dem inneren Auge „sieht". Auch bei Tammet liegt – seinen eigenen Ausführungen zufolge – ein völlig anderer Zugang zur Welt der Zahlen vor. So berichtet er, dass zum Beispiel bei der Multiplikation zweier Zahlen diese sich als zwei bildhafte Symbole darstel-

len, die sich zu einem neuen Bild / Symbol vereinigen – dem Ergebnis. Tammet „sieht“ dann vor seinem geistigen Auge, wie sich die Symbole verwandeln und das neue Symbol „gebären“ und er kann so das Ergebnis auf rätselhafte Weise *beobachten*. In seinem Geist hat jede Zahl bis zur 10 000 – nach seinen Angaben – ihr eigenes Erscheinungsbild. Er hat sein visuelles Bild der Zahl 289 als besonders hässlich beschrieben, 333 als besonders attraktiv und die Kreiszahl Pi als wunderschön. Für einen „normalen“ Mathematiker bleibt das ein Buch mit sieben Siegeln.
Wenn nun mathematische Wissenschaft darin besteht, Berechnungen durchzuführen, dann geht Tammet nicht wissenschaftlich vor. Trotzdem sind seine Erkenntnisse korrekt. Man kann sie mit den herkömmlichen mathematischen Berechnungen überprüfen. Aber so richtig die Ergebnisse auch sind, Tammet gehört nicht zur mathematischen Community. Daniel Tammet wird vielmehr als sogenannter „savant“ bezeichnet, als ein Mensch mit einer extremen Inselbegabung. Aber für eine solche Begabung scheint es, mit Shakespeares Hamlet zu sprechen, „mehr Dinge zwischen Himmel und Erde zu geben als unsere (mathematische) Schulweisheit sich träumen lässt.“
Rudolf Steiner war alles andere als eine Inselbegabung. Aber in gewisser Weise lässt sich sein Zugang zu den Organen des Körpers mit dem Zugang Tammets zu den Zahlen vergleichen (nicht gleichsetzen!) Steiner hat die Auswirkungen der Wahrnehmungen auf die Organausreifung „geistig gesehen“, so wie Tammet die Kommastellen von Pi als Gestalten „sieht“. *Wie* Tammet dazu gekommen ist, ist unklar. Tammet selbst sagt, dass die verschiedenen Areale seines Gehirns nicht so voneinander getrennt seien wie in einem „norma-

len" Gehirn. Deshalb haben für ihn die Zahlen oder auch die Buchstaben Farben und Gestalten. Sie sind gleichsam Persönlichkeiten. *Wie* Steiner dazu gekommen ist, Wirkungen auf die Organe zu beobachten, hat er, zumindest in den Grundzügen, beschrieben. Darüber im folgenden Anhang-Kapitel mehr.

Zuvor aber zurück zur Ausgangsfrage: Darf Steiner als „Entdecker" der Organprägung durch die Wahrnehmungen im Kindesalter gelten? Oder sollten erst diejenigen Forscher den Titel „Entdecker" erhalten, denen es gelingt, die entsprechenden histologischen Befunde oder Organ-Scanns vorzulegen? Die Beantwortung dieser Frage entscheidet sich letztlich daran, wer die Deutungshoheit über die Ausdrücke „Entdecker" und „entdecken" hat. Aus der Perspektive der Naturwissenschaften hat Steiner die behaupteten Zusammenhänge nicht „entdeckt", aus seiner eigenen hat er das sehr wohl.

Vor diesem Hintergrund könnte man so vorgehen, dass man die Ausdrücke „entdecken" und „Entdecker", wenn man sie in Bezug auf Steiner verwendet, mit einem kleinen Index versieht: „Entdecker$_{GS}$" und „entdecken$_{GS}$". Der Index „$_{GS}$" steht dabei für „geistiges Schauen". Der Satz „Steiner entdeckte$_{GS}$ die frühkindliche Prägung der Organe durch die frühkindlichen Wahrnehmungen" signalisierte dann, dass es sich um eine Entdeckung durch „geistiges Sehen" handelt. Dadurch wäre für den modernen Wissenschaftler klar, dass es sich – im Sinne der Naturwissenschaften – bei den Entdeckungen$_{GS}$ Steiners um *Hypothesen* handelt. Nur: Für Steiner selbst waren es keine Hypothesen. Für Steiner waren es Wahrnehmungen. Daher auch sein apodiktisch wirkender

Stil. Warum sollte der, der eine Quinte *hört*, sagen, dass das eine Hypothese sei und dass man erst abwarten müsse, was die Frequenzmessungen ergeben? Für den Intervall-Blinden ist die Rede von der Quinte eine Hypothese. Aber das liegt nicht daran, dass die Quinte keine Quinte sein könnte, sondern daran, dass der Intervall-Blinde intervall-blind ist.
Für *mich* ist Steiners Darstellung des Zusammenhangs von frühkindlichen Wahrnehmungen und Organprägungen eine Hypothese – eine plausible Hypothese. Aber da ich „organblind" bin, bleibt mir nichts anderes übrig, als nachzuschauen, was die medizinischen Untersuchungen und Messungen der Organe ergeben werden. Fazit:

Entdeckte Steiner die frühkindliche Prägung der Organe? Nein.
Entdeckte$_{GS}$ Steiner die frühkindliche Prägung der Organe? Ja – zumindest nach eigener Aussage.
(Und so mit allen weiteren Entdeckungen, die ich geschildert habe.)

Diese Differenzierung in der Ausdrucksweise wäre eine Art terminologischer Kompromiss, der beiden Seiten gerecht wird. Aber die eigentliche Herausforderung liegt woanders. Sie liegt darin, wie man mit den Angaben und Darstellungen eines spirituellen Forschers und Lehrers grundsätzlich umgehen will.

Steiner rechnete damit, dass es für viele seiner Erkenntnisse lange dauern würde, bis die etablierten Wissenschaften erste Bestätigungen liefern könnten. Aber er vertraute darauf und er verwies deshalb in diesem Zusammenhang auf eine bemerkenswerte Parallele: Das kopernikanische Weltbild. (GA 135, 91) Kopernikus (1473–1543) veröffentliche es 1543 – kurz vor seinem Tod. Aber die wissenschaftliche Bestätigung für die Drehung der Erde *um die eigene Achse* wurde erst 1851 von Léon Foucault erbracht – gute 300 Jahre später! Eine anfängliche Bestätigung für die Drehung der Erde *um die Sonne* gelang Friedrich Bessel 1838 mit der ersten nachgewiesenen Fixstern-Parallaxenmessung, allerdings nur für einen einzigen Stern (mit einer halbjährlichen Winkeländerung von 0,00008 Grad). Die datenbasierte Bestätigung war also auch 1838 noch dünn. Erst in den 1990ern gelangen mit dem europäischen Satelliten „Hipparcos" genaue Parallaxenmessungen für über 100 000 Sterne – 450 Jahre nach Kopernikus. Die empirische Bestätigung kann also mitunter aufwendig sein und Jahrhunderte lang können dazu die Mittel noch fehlen.

Die heliozentrische Theorie des Kopernikus war fraglos eine plausible Theorie, die einige Phänomene (wie die gleichen Jahres-Umlaufzeiten von Venus und Merkur) brillant erklären konnte. Aber die Datenmenge, die seine Theorie hätte stützen können, hatte Jahrhunderte lang den Wert 0. Tycho de Brahe (1546–1601) lehnte die Heliozentrik deshalb ab. Tycho besaß den damals umfänglichsten astronomischen Datensatz der Welt (mit einer noch heute kaum zu begreifenden Messgenauigkeit), aber gerade dieser Datensatz ergab keine Bestätigung der kopernikanischen Theorie. Insofern war es das gute Recht von Tycho, das heliozentrische Weltbild abzulehnen. Und genauso legitim ist es, solche Theorien Steiners aus der „Allgemeinen Menschenkunde" abzulehnen, die der etablierten Sicht widersprechen und noch keine datenbasierte Stütze aufweisen können. Aber umgekehrt ist es

ebenso legitim, sich so zu verhalten wie Kepler. Auch Kepler (1571–1630) konnte Kopernikus nicht „beweisen". Aber er war intuitiv von dessen Theorie überzeugt. Kepler erhielt in Prag als Mitarbeiter Tychos Einsicht in dessen Messergebnisse und Kepler arbeitete und rechnete mit Tychos Daten unter Hochdruck. Auf der Grundlage von Tychos Beobachtungen kam er schließlich zu seinen berühmt gewordenen 3 Planetengesetzen.
In analoger Weise ist es völlig berechtigt, von den Theorien Steiners überzeugt zu sein wie Kepler vom heliozentrischen Weltbild und auf ihrer Grundlage weiter zu arbeiten, auch solange sie noch *nicht* empirisch bestätigt sind.
Beides ist legitim: Die Ablehnung im Sinne Tychos genauso wie die Akzeptanz und die Weiterarbeit wie bei Kepler. Welchen Weg man als Wissenschaftler einschlägt, hängt u.a. davon ab, was für ein Charakter man ist: Eher ein Tycho- oder mehr ein Kepler-Typ. Aber für Steiner war auch ein dritter Typ noch wichtig: Wissenschaftliche Forscher, die intensiv daran arbeiten, durch gründliche empirische Untersuchungen seine Ergebnisse zu überprüfen oder zu korrigieren.

Und die Waldorflehrer? Steiner ging davon aus, dass die Waldorflehrer seine Theorien entweder intuitiv für sinnvoll hielten oder aber sie sollten sie zumindest für *berechtigte Arbeitshypothesen* halten, auch solange diese noch nicht empirisch bestätigt sind. Er rechnete also mit einer Art „Kepler-Mentalität" bei seinen Mitarbeitern. Alles andere wäre bei einem Pionier-Unternehmen schlichtweg widersinnig gewesen.

Eine über lange Zeit noch ausstehende wissenschaftlich-empirische Bestätigung ist bei bedeutenden und revolutionären

Entdeckungen mithin nichts Ungewöhnliches. Pioniere bahnen einen Weg. Die „wissenschaftliche" Bestätigung kommt in vielen Fällen erst später.
Nicht wenige bedeutende Fortschritte beruhen darauf, dass Pioniere mutig gegen den Strom schwammen. Selbst denjenigen, die erste empirische Bestätigungen erbringen wollen, bläst der Gegenwind noch hart ins Gesicht. Man stelle sich vor, Kolumbus wäre gefragt worden: „Gibt es exakte Vermessungen von deinem Seeweg?" Seine Antwort hätte nur sein können: „Ja, *nach* unserer Reise." Mit anderen Worten: „Wir sind die ersten. Wir probieren es aus."

Und nun Steiner wörtlich:

„Wenn insbesondere in solchen praktischen Gebieten, wie bei der Erziehung, die geisteswissenschaftlichen Erkenntnisse angewendet würden, dann würde bald auch das völlig unnütze Reden darüber aufhören, dass diese Erkenntnisse doch erst bewiesen werden müssen. Wer sie richtig anwendet, dem werden sie sich im Leben dadurch beweisen, dass sie dieses gesund und stark machen. Er wird gerade dadurch, dass sie sich in der Praxis bewähren, ersehen, dass sie wahr sind, und dadurch muss er sie besser bewiesen finden, als durch alle «logischen» und sogenannten «wissenschaftlichen Gründe». Die geistigen Wahrheiten erkennt man am besten an ihren Früchten, nicht durch einen angeblich noch so wissenschaftlichen Beweis, der doch kaum viel anderes sein kann, als ein logisches Geplänkel." (GA 34, 342)

*

Übrigens: „Wissenschaftlich" war die Theorie von Kopernikus bereits 1543, auch wenn sie damals noch nicht empirisch bestätigt werden konnte. Erstens genügte sie dem sogenannten „Konsistenzkriterium". Zweitens genügte sie dem Kriterium der „Falsifizierbarkeit": Kopernikus hätte angeben können, bei welchen Beobachtungen er seine Theorie als *falsifiziert* betrachtet hätte. Die prinzipielle Falsifizierbarkeit und *nicht* die experimentelle Bestätigung ist nämlich ein entscheidendes Kriterium für die *Wissenschaftlichkeit* einer naturwissenschaftlichen Hypothese. Noch so viele empirische Belege können eine naturwissenschaftliche Hypothese nicht *beweisen*. (Es gibt in den Naturwissenschaften keine vollständige Induktion mit dem Schluss von (n-1) auf n.) Empirische Untersuchungen können eine Theorie immer nur *stützen*. Man kann dann unterscheiden zwischen solchen Hypothesen, die eine breite Datenbasis haben und solchen, bei denen die Datenbasis dünn ist. Aber das entscheidet in keiner Weise über „richtig" oder „falsch" und auch nicht über „wissenschaftlich" oder „unwissenschaftlich". [52]

Aber wie es bei Steiner heißt: das ist nur ein logisches Geplänkel und es gibt für die Pädagogik weiß Gott etwas Wichtigeres.

24 Steiners Forschungsmethode

Das Denken des Denkens (nicht der Gedanken) – Moralische Entwicklung – Studium der Organe

Wie ist Steiner zu seinen Forschungsergebnissen über die Auswirkungen der Wahrnehmungen (oder verschiedener Unterrichtstätigkeiten) auf die Organe gekommen?

Ich gebe im Folgenden eine Rekonstruktion:
Extrem vereinfacht dargestellt, gibt es *drei* Felder, auf denen derjenige, der spirituell forschen will, seine Fähigkeiten zu steigern hat. Das erste Feld betrifft eine Steigerung der Denkfähigkeit. Das zweite betrifft eine Steigerung der Integrität und Selbstführung der Seele und das dritte betrifft – in unserem Fall – das Studium der Organe. Der Reihe nach:

Das erste Feld: Die Aufmerksamkeit ruht im Denken der Denktätigkeit

Normaler Weise denken wir über Phänomene oder Sachverhalte nach. Dabei beobachten wir aber nicht gleichzeitig den Prozess des Denkens selbst. Wir sind auf den Sachverhalt (die zu lösende Frage) fokussiert, nicht auf die Denk-*Tätigkeit.* Die Vorschule der Geistesforschung besteht darin, den Prozess des Denkens selbst beobachten zu können und die Übung besteht darin, dass man sich auf einen Gedanken so sehr konzentriert und die Konzentration dabei so stabil bleibt, dass man dann zusätzlich die Konzentration selbst bemerkt. In diesem Moment denkt man das Denken selbst und hat es nicht mehr mit den Ergebnissen (den Gedanken) zu tun. Steiner wörtlich:

„Wenn der Mensch denkt, so ist sein Bewusstsein auf die Gedanken gerichtet. Er will durch die Gedanken etwas vorstellen; er will im gewöhnlichen Sinne richtig denken. Man kann aber auch auf anderes seine Aufmerksamkeit richten. Man kann die Tätigkeit des Denkens als solche ins Geistesauge fassen. Man kann zum Beispiel einen Gedanken in den Mittelpunkt des Bewusstseins rücken, der sich auf nichts Äußeres bezieht, der wie ein Sinnbild gedacht ist, bei dem man ganz unberücksichtigt lässt, dass er etwas Äußeres abbildet. Man kann nun in dem Festhalten eines solchen Gedankens verharren. Man kann sich ganz einleben nur in das Innere der Seele, während man so verharrt. Es kommt hierbei nicht darauf an, in Gedanken zu leben, sondern darauf, die Denktätigkeit zu erleben. Auf diese Weise reißt sich die Seele los von dem, was sie in ihrem gewöhnlichen Denken vollführt. Sie wird dann, wenn sie solche innere Übung genügend lange fortsetzt, nach einiger Zeit erkennen, wie sie in Erlebnisse hineingeraten ist, welche sie abtrennen von demjenigen Denken und Vorstellen, das an die leiblichen Organe gebunden ist.“ (GA 18, 604)

Die hier von Steiner geschilderte Vorgehensweise markiert die Basis-Methode, mit der Rudolf Steiner seine Erkenntnisse über die Organisation des Menschen gewonnen hat. Alle anthropologischen Darstellungen Steiners sind auf dieser Grundlage freigelegt worden, Die geschilderte Methode ist gleichsam das Nadelöhr, durch das man als Forscher hindurchgehen muss. Aber die Konzentration auf die Denktätigkeit als solche ist noch nicht alles:

„Ein Gleiches kann man vollführen mit dem Fühlen und Wollen der Seele, ja, auch mit dem Empfinden, dem Wahrnehmen der Außendinge.
Man wird auf diesem Wege nur etwas erreichen, wenn man nicht zurückschreckt davor, sich zu gestehen, dass die Selbsterkenntnis der Seele nicht einfach angetreten werden kann, indem man nach dem Innern schaut, das stets vorhanden ist, sondern vielmehr nach demjenigen, das durch innere Seelenarbeit erst aufgedeckt werden muss. Durch eine Seelenarbeit, die durch Übung in einem solchen Verharren in der inneren Tätigkeit des Denkens, Fühlens und Wollens gelangt, dass diese Erlebnisse gewissermaßen sich geistig in sich „verdichten“. Sie offenbaren dann in dieser Verdichtung ihr inneres Wesen, das im gewöhnlichen Bewusstsein nicht wahrgenommen werden kann.“ (Ebenda)

Das zweite Feld: Die Steigerung der Integrität und Sensibilität der Seele

Liest man Steiners Buch „Wie erlangt man Erkenntnisse der höheren Welten“ so fällt auf, dass 90 Prozent der dort angegebenen Übungen ethische Übungen sind. Es ist nicht irgendein spiritistischer Hokuspokus, sondern es sind ganz einfach klingende Übungen zur Lebensführung. (Aber so einfach sie klingen, so schwer sind sie in Wahrheit. Die enorme Schwierigkeit der Übungen liegt in der präzisen und ausdauernden Durchführung.) Als Beispiel sei hier nur der sogenannte „8-gliedrige Pfad“ benannt.

1. Versuche nur Wahres zu denken. Verplempere deine Denkkraft nicht mit Gedanken an Belangloses.

2. Versuche, dich zu jeder auch noch so kleinen Tat bewusst zu entschließen.
3. Sprich nur besonnen und nicht einfach drauflos.
4. Richte deine Handlungen möglichst so ein, dass du dadurch anderen Menschen dienst.
5. Lebe möglichst natur- und geistgemäß.
6. Mache die vorangegangen Haltungen zu guten Gewohnheiten.
7. Versuche immer, aus dem Leben zu lernen. Du kannst aus jeder Kleinigkeit etwas lernen.
8. Prüfe jeden Tag die Tatsachen und strebe danach, immer integrer zu werden.

Damit keine Missverständnisse aufkommen: Es geht an dieser Stelle nicht darum, ob man diese Übungen gut findet oder nicht. Viele Menschen sagen zum Beispiel: „Um Himmels willen, wenn ich ständig darauf achten soll, nur besonnen zu sprechen, geht mir ja jede Spontaneität verloren." Das ist verständlich. Aber darum geht es hier nicht. Es geht darum, was *Steiner* gemacht hat, und was er als Lehrer deshalb denjenigen, die von ihm lernen wollten, empfohlen hat. Niemand „muss" diese (und weitere) Übungen machen. Sie spielen allerdings eine wichtige Rolle, wenn man sich auf den von Steiner angegebenen Schulungsweg begeben *will.* Ein Vergleich: Niemand muss 3 bis 4 mal pro Woche ausgedehnte Ausdauerläufe machen. Er oder sie *muss* das nur dann, wenn sie oder er Marathon laufen *will.* Denn ohne ein intelligentes und diszipliniertes Training von Ausdauerläufen ist ein Marathonlauf kaum durchzuhalten. Und ohne ein Training der oben angeführten 8 Übungen sind die Forschungsmethoden, die Steiner angewandt hat, nicht zu gewinnen. Auf der anderen Seite wird die Seele durch die benannten Übungen (und viele weitere) in eine sehr viel sensiblere Verfassung gebracht.

Das dritte Feld: Das Studium der Organe

Parallel zu den beiden ersten Feldern sind drittens alle Organe des Menschen gründlich zu studieren, sowohl anatomisch als auch physiologisch, also genau so, wie das ein Mediziner macht. Darüber hinaus ist zu üben, alle Organe *auswendig* nachzuschaffen: Zeichnend, plastizierend und rein in der Vorstellung. Auch das bedeutet: Viel Zeit des mehr oder weniger täglichen Übens. Und das über Jahre.
Wenn man sich dann auf dieser Grundlage im Modus des „Denkens der Denktätigkeit" und mit einer durch die Übungen des zweiten Feldes hochgradig sensibilisierten Seele auf die Organe konzentriert, „sieht" man diese Organe rein geistig, so wie Tammet die Zahlen „sieht". Man hat dann zu den Organen einen anderen Zugang als der Chirurg und der Histologe. Und man „sieht" auch die Wirkung der verschiedenen Tätigkeiten auf die Organe. Man „sieht" die Organwirkung wie ein Musiker eine Quinte hört oder wie Tammet die Zahl Pi „sieht". Für einen Außenstehenden wirkt das dann entweder wie ein mirakulöser „Röntgenblick" oder schlechterdings unglaubwürdig. Aber das muss nicht so sein. Und deshalb ein paar Worte zur 10 000-Stunde-Regel.

25 Die 10 000-Stunden-Regel

Anmerkungen zu Fleiß, Talent und zum Lernen von Rudolf Steiner

Fleiß

Am 16.9.2018 stellte der Kenianer Eliud Kipchoge beim Marathonlauf in Berlin einen neuen Weltrekord auf: Er lief die 42,195 Kilometer in 2 Stunden, einer Minute und 39 Sekunden. Ein untrainierter 40-Jähriger kann, selbst wenn er sprintet, neben Eliud Kipchoge keine 200 Meter mitlaufen.[53] Was aber für den untrainierten Erwachsenen ein 200-Meter-Vollsprint ist, an dessen Ende er erschöpft Pause machen muss, lief Eliud Kipchoge unglaubliche 211 Mal – nonstop an einem Stück (jede 200 Meter in 34,4 Sekunden.) Für diejenigen, die es ausprobiert haben, sprengt das schlechterdings jedes Vorstellungsvermögen.[54] Und doch ist es eine Tatsache. Wie ist sie erklärbar? Durch zwei Faktoren: Fleiß und Begabung. In dieser Reihenfolge. Denn Fleiß ist der wichtigere Faktor. Hier gilt die sogenannte „10 000-Stunden-Regel". Sie besagt: Hinter jeder überragenden Leistung – ganz gleich auf welchem Gebiet – stecken mindestens 10 000 Stunden kluges Üben. Malcom Gladwell hat das an mehreren Beispielen demonstriert.[55] Die 10 000 Stunden-Regel gilt für das Wunderkind Mozart genauso wie für die Beatles oder wie für Steve Jobs. Sie alle haben auf ihrem Gebiet mindestens 10 000 Stunden trainiert. 10 000 Stunden – das sind im Durchschnitt 2 Stunden und 20 Minuten am Tag. Jeden Tag! Also 365 Tage im Jahr, ohne Ausnahme! Und das 12 Jahre lang.[56] Auch bei Eliud Kipchoge trifft die 10 000 Stunden-Regel zu. Er war

17 Jahre lang ein täglich viel und klug trainierender Läufer, bevor er seinen Marathon-Weltrekord lief. Hinzu kamen ein erfahrener Langlauftrainer und sein Talent.

Talent

Eliud Kipchoge hat erst relativ spät mit dem Laufen angefangen, mit 16 Jahren. Bei sogenannten Wunderkindern ist das anders. Sie zeigen schon in ganz jungen Jahren überragende Fähigkeiten auf dem Gebiet, das dann ihr Element wird. Das war beim kleinen Fußballer Lionel Messi genauso wie beim jungen Pianisten Evgeny Kissin. Woher das Talent des Wunderkindes kommt, dafür gibt es verschiedene Vermutungen. In vielen Fällen spielt die Vererbung eine Rolle. Mozarts Vater war selbst Musiker gewesen und bei vielen sehr guten Instrumentalisten, wenn auch nicht bei allen, findet sich in vergleichbarer Weise entweder unter den Eltern oder unter den Großeltern bereits ein Musiker. Aber die Vererbung erklärt nicht alles, denn es gibt genügend viele Beispiele für Wunderkinder, bei deren Vorfahren sich keinerlei Anzeichen des Talentes finden. Woher dann das Talent? Es gibt drei Vermutungen und zwar je nach Weltanschauung: Für die einen handelt es sich um einen zufälligen Volltreffer in der Lotterie der Genetik. Für die anderen ist es der liebe Gott, der eins seiner Füllhörner aus unerfindlichen Gründen über einem Kind ausgeschüttet hat. Und noch andere vermuten, dass die Ursachen weder in der unerkennbaren Willkür des Zufalls liegen, noch in der genauso wenig erkennbaren Gnade Gottes, sondern – viel nüchterner – in guter Vorbereitung, allerdings in einer Vorbereitung, die sich eine Seele in früheren Erdenleben *selbst* geschaffen hat. Der Zufall, der liebe Gott oder man selbst in einem früheren Erdenleben. Viel mehr Möglichkeiten gibt es nicht zur Erklärung eines Talentes, wenn dieses augenscheinlich nicht vererbt wurde. Aber was auch immer die Wurzel eines großen Talentes sein mag, das Talent ist – mathematisch gesprochen – nur die „hinreichende Bedingung" für turmhoch überragende Leistungen. Der klug investierte Fleiß ist die notwendige Bedingung, ohne die es nicht geht. Goethe behauptete sogar, dass das sogenannte „Genie" zum allergrößten Teil auf Fleiß beruhe. Auch Lessing war dieser Auffassung, wenn er sagte, dass er sich selbst im Laufe seines Lebens durch viel Übung etwas erworben habe, was dem Genie sehr nahe komme.

Wunderkinder spiritueller Erkenntnis

Auf den Gebieten der Musik, der Mathematik und des Sports ist das Auftreten von Wunderkindern ein bekanntes Phänomen. Aber dass es das Wunderkind-Phänomen auch auf dem Gebiet der Selbsterkenntnis und der Moralität gibt, ist weniger bekannt. Doch auch so etwas kommt vor. So berichtet zum Beispiel der Zypriote Stylianos Atteshlis (1912–1995) (bekannt unter dem Namen Daskalos), dass er als 9-Jähriger den Entschluss gefasst hat, sich jeden Abend mehrere Fragen vorzulegen:

- Was habe ich heute gedacht, was ich nicht hätte denken sollen? Und was habe ich nicht gedacht, was ich besser hätte denken sollen?
- Was habe ich heute gesagt, was ich nicht hätte sagen sollen? Und was habe ich nicht gesagt, was ich besser hätte sagen sollen?

- Was habe ich heute getan, was ich nicht hätte tun sollen? Und was habe ich nicht getan, was ich besser hätte tun sollen?

Zweierlei ist hier ein „Wunder". Erstens, dass ein 9-jähriges Kind *von sich aus* auf so eine Übung verfällt. Das markiert eine erstaunliche Sonderbegabung auf dem Feld der Selbst-Reflexion und geistigen Schulung. Das zweite Wunder sind der Fleiß und die Ausdauer, sich diese Fragen auch wirklich ein Leben lang vorzunehmen und zu beantworten. Eines ist klar: Ein Kind, das mit 9 Jahren angefangen hat, dermaßen bewusst seine eigenen Handlungen zu reflektieren, steht im Hinblick auf die Selbstreflexion nach 12 Jahren an einer anderen Stelle als jemand, der das nie getan hat.[57]

Von dem griechischen Philosophen Aristoteles weiß man, dass er ein Beobachtungs-Wunderkind gewesen sein muss. Aristoteles hat alles bewusst beobachtet, was man nur beobachten kann. Von den Gesteinen über sämtliche ihm bekannten Pflanzen und Tiere bis hin zu den Gestirnen. Und genauso alle Phänomene der Kultur: Von den Formen der Grammatik und Rhetorik über sämtliche Denk- und Urteilsformen bis hin zu den Staatsformen und ihrer Geschichte und zu den Handlungsweisen der Menschen und ihrer Moral. Aristoteles hat – gewissermaßen wie ein geistiger Vielfraß – mehr oder weniger alle Erscheinungen der damaligen Welt bewusst in sich aufgesogen. Und viel entscheidender: Er hat über alles gründlich nachgedacht. Er hat bei allem versucht, es zu verstehen. Er war also nicht nur ein Wunderkind des Beobachtens, sondern genauso intensiv ein Wunderkind des Denkens durch und durch. Und damit komme ich zu Rudolf

Steiner und seiner enormen Begabung und seinem unvorstellbaren Fleiß auf dem Gebiet der Natur- und der Geisterkenntnis.

Rudolf Steiner

Rudolf Steiner hat die im vorigen Kapitel angeführten Übungen (und noch viele weitere) mit einem unvorstellbaren Fleiß trainiert. Er hat vermutlich die 10.000 Stunden-Regel noch weit übertroffen. Hinzu kommt: Steiner hatte ähnlich wie Aristoteles ein unfassbares Talent, wirklich alles bewusst zu beobachten und gründlich zu durchdenken. Nicht nur ein paar Mal in der Woche, sondern jeden Tag, wann immer sich dazu die Gelegenheit bot. Daher sein immer wieder bezeugtes stupendes Wissen.

Wenn man das alles berücksichtigt, dann wird *mir* der enorme Abstand zwischen meinen eigenen Erkenntnisfähigkeiten und denjenigen Steiners völlig plausibel. Für mich sind dann die überragenden Leistungen Steiners „kein Wunder". Sie sind das Ergebnis von Fleiß, Talent und Gnade. Der Abstand zwischen ihm und mir ist dabei um ein Vielfaches größer als der zwischen Eliud Kipchoge und einem sehr guten Hobby-Marathonläufer mit einer Endzeit von 2:30.

Das Bedenkliche unserer Zeit ist, dass der Mainstream der heutigen Gesellschaft den Leistungen von Kipchoge oder Lionel Messi höchste Anerkennung zollt, aber die Leistungen eines Rudolf Steiners nicht wahrhaben will, statt von ihnen und von ihm zu lernen. Was für eine absurde Verdrehung der Werte. Vielleicht, so frage ich mich, ist ja die eine oder andere Seele – warum auch immer – nicht dazu veranlagt, von einem spirituellen Meister lernen zu wollen, während andere genau das mit starkem Impuls suchen. Oder ist die benannte Veranlagung nur durch eine ungünstige Sozialisation ruiniert worden? Haben Menschen Angst vor dem Fleiß? Haben sie, wenn sie beruflich in renommierter Position stehen, Angst vor einem „Minderwertigkeitskomplex", der sie befallen könnte? Ich weiß es nicht. Sehr wohl aber weiß ich, dass alle diese Sorgen unbegründet wären. Denn Rudolf Steiner sagte (und sagt noch immer) allen, die sich an ihn wenden: „Ich habe alle diese Fähigkeiten nur erworben, um anderen zu helfen. Nicht für mich. Das ist ein ehernes Gesetz der spirituellen Schulung. „Alles, was du dir erworben hast auf deinem Weg spiritueller Schulung, darfst du nur dazu verwenden, um deine Mitmenschen zu erheben. Sobald du auch nur einen kleinen Teil des Errungenen für dich selbst verwendest, betrittst du einen schwarzen Pfad."[58]

Ich bin überzeugt davon, dass das zu dem dazugehört, was Waldorf wirklich will: Als Lehrer bereit sein wollen von einem großen Lehrer zu lernen. Wir haben das den Kindern vorzuleben. Diese Bereitschaft aber kann unter keinen Umständen generell eingefordert werden. Eine Schule als Organisation kann zwar verlangen, dass jeder Lehrer die wichtigsten Grundlagen der Waldorfpädagogik im Original *kennt*. (Vgl. Kapitel 21) Aber „zur Kenntnis nehmen" ist etwas anderes als der „Wille zum Lernen". Zur Kenntnis nehmen ist etwas anderes als die Liebe zum Lernen. Ein *Lernen-Wollen* oder ein *Lernen-Lieben* kann nicht verordnet werden. Es ist ein Herzensbedürfnis oder nicht. Niemand war da freilassender als Rudolf Steiner selbst. Und insofern ist es immer noch ein genialer Titel, den Frans Carlgren formuliert hat: „Erziehung zur Freiheit“. Das trifft es unübertroffen gut. Und ich möchte dem nur hinzufügen: Erziehung *in* Freiheit.

Anmerkungen

1 Die Quellenangaben zu den Zitaten von Rudolf Steiner sind in Klammern direkt in den Text eingefügt. Die Abkürzung GA bedeutet „Steiner Gesamtausgabe". Die anschließende Zahl bezeichnet die Band-Nummer. Die Zahl nach dem Komma die Seitenzahl.) Alle anderen Quellennachweise sind in den Endnoten zu finden.

2 Für einige Menschen ist die Rede vom „Höchstmaß" an Klarheit des Denkens im Kontext der Waldorfpädagogik irritierend. Vermutlich hat sich – aus welchem Grund auch immer – das Vorurteil gebildet, dass Waldorfpädagogik dem Leistungsgedanken fernstehe oder ihn gar ablehne. Das Zitat belegt, dass Steiner tatsächlich von „Höchstmaß" spricht. Allerdings ist das Zitat in einem Punkt verändert: Im Original heißt es statt „nach seinen Voraussetzungen" jeweils: „nach seinem Schicksal". Ich habe den Ausdruck „nach seinem Schicksal" ersetzt durch „nach seinen Voraussetzungen", weil die Frage, woher die jeweiligen Voraussetzungen stammen und inwiefern es sich hierbei um „Schicksal" handelt oder um „genetischen Zufall" eine komplizierte Frage ist. Diese Frage ist wichtig, aber nicht im vorliegenden Argumentationszusammenhang.

3 Klaus Klemm, Klassenwiederholungen – Teuer und unwirksam. Eine Studie zu den Ausgaben für Klassenwiederholungen in Deutschland. Im Auftrag der Bertelsmann Stiftung. Gütersloh 2009.

4 Diese Studie ist frei zugänglich und jeder kann sie im Detail nachlesen. Sie wurde 2013 auf der medizinischen Internet-Plattform PLOS publiziert.

5 „Liebe" ist ein großes, oft missbrauchtes Wort. Es kann die bedeutsamste Fähigkeit des Menschen bezeichnen, aber auch sentimentalen Kitsch oder sogar schlimmste Verwechslungen. Was an sexuellem Missbrauch in einigen berühmten Internaten und etlichen weiteren Orten unter dem Label „Liebe" abgelaufen

ist, ist das perverse Gegenteil von dem, was der Apostel Paulus unter Liebe verstanden hat und was hier gemeint ist.

6 Es hat im 20. Jahrhundert sehr wohl spirituelle Lehrer gegeben, die eine Schule begründet haben. Dazu gehört etwa Krishnamurti. Aber Krishnamurti hat nicht eine umfassende neue Pädagogik hinterlassen. Das gilt auch für den islamischen Geistlichen Fetullah Gülen (geboren 1941), auf den die sogenannten Gülen-Schulen zurückgehen. Die Gülen-Bewegung hat weltweit etwa 4 Millionen Mitglieder und etwa 200 Schulen, davon 120 in den USA. Die Weltanschauung der Gülen-Bewegung versteht sich selbst als pazifistischen Islam. Die Gülen-Schulen sind eine Schulbewegung, die auf einen geistlichen Lehrer zurückgehen. Im Unterschied zu den Waldorfschulen ist ihr Fundament allerdings nicht eine umfassende Anthropologie.

7 Im Anhang dieses Buches, aber nicht im Vortrag selbst, bin ich deshalb auf diese Thematik eingegangen: Was waren Steiners spirituelle Forschungs*methoden*?

8 Steiner hatte bei seinem Versuch der sozialen Dreigliederung der modernen Gesellschaft nicht wenig unter dem Missverständnis zu leiden, dass seine veranschaulichenden Beispiele nicht als Optionen verstanden, sondern als Programm missverstanden wurden. Das ist bei der Waldorfpädagogik nicht viel anders.

9 Es gibt zu dieser Problematik eine sehr poetische Formulierung in Hölderlins großer Hymne „Der Rhein“: *Wer war es, der zuerst / aus Banden der Liebe Fesseln gemacht hat?*.

10 Sympathie und Antipathie sind Grundreflexe der menschlichen Seele. Durch verschiedene Experimente weiß man, dass wir innerhalb von Sekunden entweder mit Sympathie oder mit Antipathie auf das reagieren, was wir wahrnehmen. Wenn wir einem Menschen begegnen, kommt es unbewusst zu einer blitzschnellen Reaktion: Sympathisch oder unsympathisch. Die Entscheidung ist gefallen, oft ohne dass wir es bewusst registrieren.

Steiner wies bereits 1917 darauf hin, dass es neben diesem ständigen „Grundrauschen“ von Sympathie und Antipathie eine

noch basalere Oszillation von Sympathie und Antipathie gibt: *Distanzierung* auf der einen Seite und *Hingabe* auf der anderen. Es handelt sich um zwei gegensätzliche seelisch-geistige Grundgesten.
„Distanzierung und Abstand" sind die Grundvoraussetzung für *Bewusstsein*. Wann immer wir uns etwas von der Welt *bewusst* machen, müssen wir eine *Distanz* schaffen zwischen dem, was wir betrachten, und uns selbst. Hier bin ich – dort ist das Objekt, das ich betrachte. Ohne dieses Gegenüberstellen und ohne den Abstand wird nichts bewusst.
Die entgegengesetzte Geste ist die Hingabe bis hin zur seelischen Identifikation mit der Welt. Wenn kleine Kinder auf dem Pausenhof spielen, kann man die zwei Grundgesten gut beobachten: Es gibt Kinder, die vollständig im Spiel aufgehen. Sie sind restlos hingegeben ans Spiel, sie sind eins mit dem Spiel. Im Unterschied dazu gibt es andere Kinder, die *betrachtend* daneben stehen. Sie schauen nur zu und spielen nur selten mit, aber sie nehmen sehr viel wahr.
Die basale *Ur-Sympathie*, nämlich der Drang sich restlos an die Welt hinzugeben, sei – so Steiner – im Prinzip unerschöpflich groß – bei jedem Menschen. Aber diese seelische Totalhingabe werde bei jedem Menschen gehemmt und zwar durch den Körper. Der Körper bremst die seelische Totalhingabe und hält sie dadurch sehr viel kleiner als sie tatsächlich ist. Der Körper verhindert, dass die Seele ihre im Prinzip unerschöpfliche Hingabetendenz restlos ausleben kann. Die Hingabetendenz bleibe deshalb, so Steiner, eine Art *Keim*, der sich nicht voll ausleben könne. Erst wenn der Körper müde wird und erschöpft ist, wird sein Widerstand gegen die Totalhingabe der Seele an die Welt schwächer. Die Folge: Es kommt tatsächlich zu einer Art Totalhingabe. Aber dadurch geht auch sofort jeder Abstand verloren und deshalb erlischt auch sofort das Bewusstsein: Man schläft ein. Einschlafen ist – unter diesem Blickwinkel – eine vom Körper nicht mehr gehinderte Totalhingabe an die Welt.
Solange die Totalhingabe aber noch durch den Körper gebremst wird, äußert sie sich als *Wille*. Jeder Willensimpuls ist –

aus dieser Perspektive – eine gebremste Totalhingabe oder eine gebremste Total-Sympathie und deshalb kommt es auch nicht zu einem völligen Einschlafen, sondern nur zu einem partiellen Einschlafen, zu einer Art Mikro-Einschlafen.
Mit einem simplen Selbstexperiment, aber mit einem Mindestmaß an genauer Beobachtung kann man diesen Effekt des Mikro-Einschlafens durchaus wahrnehmen:
Ich sitze irgendwo auf einem Stuhl und stelle mir vor, dass ich gleich mein Sitzen beenden und aufstehen werde. Ich nehme mir vor, aufzustehen und dann stehe ich tatsächlich auf.
Beim Übergang vom Vorsatz aufzustehen zum tatsächlichen Aufstehen entsteht eine merkwürdige Lücke im Bewusstsein. Es passiert zwar tatsächlich, dass ich aufstehe, aber gerade der Übergang von der Vorstellung in die Aktion ist rätselhaft und entzieht sich dem Bewusstsein. Meine Vorstellung schläft gewissermaßen ein. Manche Menschen formulieren es so, dass sich dieser Übergang wie das Hinabspringen in einen Tunnel anfühlt oder wie ein Sprung von einem Sprungbrett ins Wasser.

11 Vgl. Valentin Wember, Willenserziehung. 60 pädagogische Angaben Rudolf Steiners. Tübingen 2014.

12 In: Rudolf Steiner (1907), Die Erziehung des Kindes vom Gesichtspunkt der Geisteswissenschaft.

13 Und wie nicht? Es gibt eine einfache und sichere Methode, die Kinder zu einem dürren Denken zu führen, zum Beispiel im Physik-Unterricht für 12-jährige Kinder. *„Liebe Schüler, wenn wir über Farben sprechen, so müssen wir wissen, dass die Farben im Auge des Betrachters liegen – im wahrsten Sinne des Wortes. Denn im Grunde genommen existieren Farben gar nicht. Sie entstehen erst in unserem Gehirn. Aber das will ich euch erklären:*
Ist alles dunkel, so können wir Gegenstände nicht wahrnehmen. Erst durch Licht sehen wir die Dinge. Was aber ist Licht? Licht – das ist eine elektromagnetische Strahlung. Das für das menschliche Auge sichtbare Licht verbreitet sich wie alle anderen Bereiche der elektromagnetischen Strahlung in Wellen: in kurzen, mittleren und langen Lichtwellen. Die jeweilige Wellenlänge entscheidet darüber, in welcher Farbe wir etwas wahrnehmen. Physikalisch betrachtet sind Farben also nicht mehr als Licht einer bestimmten Wellenlänge.“

Wenn man Kinder zur *Unselbständigkeit* erziehen und wenn man ihren Verstand austrocknen lassen wollte, dann ginge man am besten so vor. Man liefert den Kindern fertige Forschungsergebnisse, die sie zu lernen haben. Das Ergebnis: Man trägt sie auf einen Berg und verwehrt ihnen die geistige Anstrengung, einen Berg aus eigener Kraft zu erklimmen. Denn selbst wenn die physikalischen Sachverhalte noch so richtig wären, kaum ein Kind käme von sich aus auf die Idee, dass die Farben nicht existieren. Für ein Kind – und auch für den gesunden Menschenverstand des Erwachsenen – *gibt* es die Farben. Die Natur bringt Farben hervor und der Mensch kann Farben künstlich herstellen und Kleider färben oder Autos lackieren. Angesichts des alltäglich Beobachteten von irgendwelchen Lichtwellen zu erzählen, ist weit weg von dem, in was ein Kind sich einfühlen kann. Erzählt man ihm, dass es keine Farben gibt, sondern nur unsichtbare Lichtwellen, die von unserem Gehirn in Farben umgewandelt werden, dann wird das Kind de facto *abgefüllt* mit einem nicht *selbst entdeckten* Wissen. Im Grunde handelt es sich um Indoktrination. Und dadurch soll sich der Intellekt gut entwickeln? Wirklich? Das Kind muss die Ergebnisse der verschiedenen Wissenschaften lernen, ohne auch nur den Hauch einer Chance zu haben, *selbst* über die Beobachtungen nachzudenken und schließlich selbst zu Erkenntnissen zu kommen. Die Folgen sind fatal. In den Worten von Sir Ken Robinson: "We don't educate into creativity, we educate out of it." Die langfristigen Folgen werden selten bedacht. Ungeahnte Potentiale an Denkkraft werden nicht entwickelt, weil man im Endeffekt – bis auf einige Ausnahmen – viel zu viele Kinder zu Papageien oder Lämmern erzogen hat. Sie plappern oder blöken nach, was man ihnen vorgesagt hat. Am Ende *glauben* sie etwas zu wissen, während es sich um ein Schein-Wissen handelt.

14 Mir ist eingewendet worden, dass man aus der Perspektive moderner Wissenschaft die „Entdeckungen" Steiners nicht als wissenschaftliche „Entdeckungen" bezeichnen sollte, sondern als Hypothesen. Dazu im Anhang (Kapitel 23 – 25) einige Überlegungen.

15 Steiner verwendete für diesen Sachverhalt einen zugespitzten und deshalb zunächst befremdlichen Ausdruck: „Das kleine Kind ist *ganz Kopf*". Gemeint ist: „Das Kind ist ganz Sinneswahrnehmung." Denn: Alle Sinnesempfindungen werden über Nerven vermittelt. Weil die Wahrnehmungen beim kleinen Kind die Hauptrolle spielen, spielen auf physischer Ebene die Nerven die Hauptrolle. Sie sind am stärksten gebündelt im Gehirn, also im Kopf. Im Kopf sind zudem etliche Sinne lokalisiert: Sehsinn, Gehörsinn, Geruchssinn, Geschmackssinn. Da Farben, Töne, Gerüche und Geschmäcker das ganze Kind durchströmen, ist gewissermaßen das ganze Kind „Kopf". Das Kopf-Prinzip (das Wahrnehmen und Verarbeiten der Wahrnehmungen) durchdringt den gesamten Leib. Deshalb ist – zugespitzt formuliert – der ganze Leib „Kopf(-Prinzip)". Die Dominanz der Wahrnehmungen (des Kopf-Prinzips) drückt sich konsequenter Weise in den Größenverhältnissen aus.

16 Gibt man ihm in diesem Fall etwas Süßes, etwa lauwarmen, mit Honig gesüßten Tee, dann erfüllt die Süße sogleich den ganzen Körper und übertönt den Schmerz und für einige Augenblicke hört es auf zu weinen, bis das Schmerzgefühl wieder die Oberhand gewinnt. War der Schmerz von Anfang an nur schwach und harmlos, dann kann die Süße-Wahrnehmung sogar dauerhaft den leichten Schmerz vertreiben, der dann schnell vergessen ist.

17 Man hört nicht nur mit dem Ohr. Reste einer *Hörwahrnehmung mit dem ganzen Körper* gibt es bei einigen tauben Menschen, die *über die Haut* durchaus auch Musik wahrnehmen können.

18 Einige Eltern haben sich zu diesem Zweck Hilfe ins Haus geholt, z.B. eine Nanny. Andere haben die Großeltern oder Freunde um Hilfe gebeten, um mehr Abstand zu bekommen oder sogar eine Auszeit, die anschließend die Chance bot, eingefahrene Verhaltensmuster zu überwinden und neue an ihre Stelle zu setzen. Andere haben einfach darauf geachtet, dass sie regelmäßig tanzen gehen, um wieder Momente der Freude zu schaffen und sich nicht im Hamsterrad des Alltags wund zu laufen. Denn gar nicht so wenige Eltern fühlen sich, einmal im

Hamsterrad, ohnmächtig. Sie fühlen sich schlecht vorbereitet auf das anstrengende Leben mit einem oder mehreren Kindern und navigieren nach einigen Jahren an der Kante des Burnouts. Vor diesem gesellschaftlichen Hintergrund wird die Gründung von Organisationen immer dringlicher, die in solchen Fällen kompetente Hilfe zu erschwinglichen Kosten anbieten können. Allein schon die Einrichtung eines Babysitter-Pools durch Oberstufenschüler einer Schule ist ein hilfreicher Schritt, insbesondere dann, wenn eine Schule mit dem Prinzip der „Social Credits" arbeitet, die die Schüler auf die eine oder andere Weise sammeln müssen. (Es wird in diesem System von den Oberstufenschülern abverlangt, dass sie eine bestimmte Summe an sozialen Diensten pro Jahr verrichten, z. B. in einem Altenheim, einem Krankenhaus, einem Kindergarten oder eben als Babysitter.)

19 Früher hieß es im Fall von Streit: „Bitte nicht vor den Kindern". Heute wird das in der Kinderpsychologie anders gesehen: Streit ist normal, und ihn nicht auszuleben, ist das nicht. Und genau das bekommen auch die Kinder mit. Die „dicke Luft" spürt das Kind schon, wenn sich der Streit unterschwellig aufbaut. Wenn die Eltern versuchen, dass ihr Kind die Austragung (und die Lösung) des sich anbahnenden Konflikts nicht miterlebt, indem sie das Kind rausschicken, kann das zur Folge haben, dass das Kind weder den Streit richtig deutet, noch lernt, wie man mit so einem Konflikt umgeht. Im schlimmsten Fall glaubt das hinausgeschickte Kind, Grund für den Streit zu sein oder dass die Stabilität der Familie bedroht sei. Die Psychologinnen Helena Rose Karnilowicz, Sara F. Waters und Wendy Berry Mendes haben in einer Studie gezeigt, dass all das den Kindern mehr schadet, als einen richtigen Streit der Eltern zu erleben. Mehr noch: Ein *richtiger* Elternstreit, so behaupten die Autorinnen, sei sogar gut für die Kinder. Worauf es ankomme, sei vor allem eine angemessene Streitkultur. Denn natürlich wirke ein Übermaß an verbaler oder sogar physischer Gewalt traumatisierend. Da Kinder vor allem am Modell lernten, präge so ein Umgang miteinander auch das Verhalten des Kindes. Negative Emotio-

nen seien quasi ansteckend – auch wenn man versuche, sie zu verbergen. Ob der natürliche, in jeder Beziehung irgendwann unvermeidliche elterliche Streit dem Kind schade oder mittelfristig sogar nutze, hänge vor allem davon ab, *wie* die Eltern streiten – und ob und wie sie das dem Kind erklären. Im Zweifelsfall wirken gereizte, aber „echt" agierende Eltern positiver auf ein Kind als Eltern, die versuchen, ihre negativen Emotionen zu verbergen. Dieser Befund konvergiert mit den Beobachtungen Steiners: Das Kind nimmt die eigentliche Handlung der Eltern wahr (z. B. die Unterdrückung des Streites) und *diese* Wahrnehmung hat, wenn sie oft vorkommt, Folgen bis in die Organe hinein. Das Kind nimmt also nicht etwa keinen Streit (oder keinen Stress) wahr, sondern gerade die Unterdrückung des Streites (oder des Stresses) und dieses Unterdrückungsmuster prägt sich dann ein. Kinder, die in Familien aufwuchsen, wo aller Streit immer unter den Teppich gekehrt wurde, haben später als Erwachsene eine Menge damit zu tun, dieses Muster einer Streit-Omerta nicht zu wiederholen.

20 Manchmal ist es auch das Leben selbst, das für einen Erwachsenen als Lehrer der Dankbarkeit auftritt. Wer zum Beispiel in seiner Biographie Tag für Tag Gewalt und völlig unsichere Lebensverhältnisse erlebt hat, der wird, nachdem er sich aus ihnen befreien konnte, plötzlich tief dankbar sein für eine kleine bescheidene Wohnung, in der es keine Gewalt und kein Chaos mehr gibt, sondern eine stabile Sicherheit (während andere unter der Enge derselben Wohnung kreuzunglücklich wären).

21 Freilich gibt es auch das Umgekehrte, wie der folgende Text zeigt: „Hallo ihr Lieben, einige hier mögen mich zwar für eine unsensible Kuh halten, aber ich muss es mir von der Seele schreiben. Seit Anfang der Schwangerschaft, eigentich vom Tag der Befruchtung an „wusste" ich, dass es ein Mädchen wird. Gestern hat die Frauenärztin mir diese Illusion genommen und sagte, es wird definitiv ein Junge, man kann alles so schön sehen. Ich war total fertig mit der Welt! Ich konnte nicht mehr hinsehen und musste weinen, es fühlte sich nur noch wie ein Fremdkörper an in mir drin. Egal wie

oft sie betonte, es sei doch gesund und das sei das wichtigste. Ich kann mir das einfach nicht vorstellen, wo ist mein kleines Mädchen… Ist das so ungewöhnlich, dass man enttäuscht ist, wenn man das Geschlecht heraus findet? Ich meine, ich fühle plötzlich nichts mehr für das Kleine in mir, es ist nur noch fremd. Ich möchte nichts mehr planen oder einrichten oder sonst irgendwas." In: www.eltern.de Eintrag eines Leserbriefs vom 22.8.2012.

22 Vgl. Joachim Bauer, Warum ich fühle, was du fühlst: intuitive Kommunikation und das Geheimnis der Spiegelneurone. Hamburg, 2005.

23 Johannes Geier, Zur Behandlung der Satzlehre im sechsten Schuljahr. In: Zum Unterricht des Klassenlehrers an der Waldorfschule. Ein Kompendium. Herausgegeben von Helmut Neuffer. Stuttgart, 1997.
Erika Dühnfort, Der Sprachbau als Kunstwerk, Stuttgart 1997.

24 Beispiel in: Valentin Wember (2014), Lösungen zur Leistungsschere. Tübingen 2014.

25 Es gibt vermutlich zu viele Menschen, denen es verwehrt worden ist, sich ihren Leib so passend zu machen, dass er ein geeignetes Instrument für ihre individuelle Mission wird. Es wurde und wird ihnen verwehrt, weil sie seelisch und damit auch körperlich nicht richtig ernährt worden sind. Die Forscher kommender Jahrhunderte mögen einmal untersuchen, wie viele individuelle Potentiale dadurch der Welt verloren gegangen sind.

26 Es gibt mehrere Ebenen:
Ebene 1: Der Ablauf jeder Unterrichtsstunde und auch die Aufeinanderfolge der Unterrichtsstunden können künstlerisch gestaltet sein. Dazu gehören zum Beispiel die vier Kriterien klassischer Musik, die der Komponist Wolfgang Andreas Schultz herausgearbeitet hat:
Ebene 2: Die künstlerische Umgestaltung des Stoffes selbst.
Ebene 3: Erziehungskunst. Damit ist gemeint, dass man als Lehrer die Konstitution des Kindes erspürt und dann instinktiv die Tätigkeiten findet, die dem Kind helfen. Vergleich: So wie ein guter Gesangslehrer in der Lage ist, aus der Art und Weise, wie

ein Kind singt und atmet, abzulesen, was mit dem Kind los ist und dann die richtigen Gesangsstücke gerade für dieses Kind heraussuchen kann, so kann ein Lehrer mit menschenkundlichem Blick auch ablesen, mit welchen Mitteln er zum Beispiel die eine oder andere Blockade in einem Kind auflösen kann. (Beispiele in „Menschenkunde meditieren“) Das Auffinden der jeweiligen Mittel erfolgt dabei nicht nach einem Rezeptbuch, sondern – auf der Grundlage einer großen Erfahrung – durch die richtige *Intuition*. Noch einmal ein Vergleich aus der Musik: Wenn man als Anfänger Harmonielehre studiert, wird man zunächst die Harmonien zu einer Oberstimme nach Rezept setzen. Aber im Lauf der Zeit bekommt man dafür ein Gefühl und macht es nicht nach Rezept, sondern aus Instinkt und schließlich, wie bei den Beatles zu hören, mit völlig neuen harmonischen *Erfindungen*. So wie die Beatles frappierend neue Harmonie-Verbindungen erfunden haben, so dürfen auch die Lehrerin und der Lehrer neue pädagogische Melodien und Harmonien erfinden. Und dann fangen Erziehung und Unterricht wirklich an, nicht nur künstlerisch zu werden, sondern sie werden Kunst. Das allerdings fällt nicht vom Himmel. Denn so wie die Beatles 10 000 Stunden geübt haben, bevor sie dieses Niveau erreicht haben, so hat auch der Lehrer, der wirklich als Pädagoge ein Künstler werden möchte, sehr, sehr viel zu üben.

27 Es gibt allerdings ein gravierendes Hindernis. Es liegt immer dann vor, wenn man den Lehrern nicht erlaubt, aus ihren individuellen Einsichten heraus zu unterrichten. Man verlangt von ihnen, dass sie Normen erfüllen. Man traut den Lehrerinnen und Lehrern also viel zu wenig zu, dass sie selbst erkennen können, was für die Kinder ihrer Klasse jeweils das Beste ist. Stattdessen müssen sie Lehrpläne abarbeiten und die Anwendung vorgeschriebener Methoden garantieren.

28 In den Jahren nach 1968 führte dieses Scheitern dazu, dass man glaubte, wenigstens innerhalb der Waldorfschulen so etwas wie Dreigliederung praktizieren zu können. Zum Beispiel war davon die Rede, dass in einer Schule Geistesleben, Rechtsleben

und Wirtschaftsleben voneinander getrennt sein müssten. Derartige Analogieschlüsse hatten durchaus fatale Auswirkungen. Unter der Flagge „Freiheit des Geisteslebens" wurden zum Beispiel Klassenteilungen durchgeführt oder aus anderen pädagogischen Gründen neue Lehrer eingestellt. Um die wirtschaftlichen Konsequenzen, sprich um die Finanzierung, sollte sich der Vorstand kümmern. Als ob eine Schule die betriebswirtschaftlichen Gesetze außer Kraft setzen könnte. Solange mit einer Erhöhung der Produktkosten nicht eine Erhöhung der Einnahmen einhergeht, ist die Folge immer, dass weniger verteilt werden kann. Das Gleiche gilt für die Schulbauten. Viel zu selten wurde vorgerechnet, was das für jeden Einzelnen bedeutet und ob jeder Einzelne angesichts der konkreten Zahlen seine Zustimmung gibt oder nicht.

29 Was „Krieg gegen den Terror" heißt, ist zu erheblichen Teilen ein Krieg um Öl und Gas oder andere Rohstoffe. Beispiel: Der Irak hatte nichts mit 9/11 zu tun. Die Behauptung von den Massenvernichtungswaffen war eine Lüge, für die sich Collin Powell später schämte. Der Irak wurde ohne Mandat des UN-Sicherheitsrates bombardiert. Der Krieg war also ein massives Kriegsverbrechen mit einer Million Toten und der Folge eines destabilisierten Landes.

30 Und umgekehrt: Obama versprach vor seinem Regierungsantritt, Guantanamo zu schließen. Er hat es nicht geschlossen. Wladimir Putin hat einmal in einer Pressekonferenz erklärt, warum Obama das nicht machen konnte, selbst wenn er es gewollt hätte. Putin weiß als ehemaliger KGB-Offizier, warum. Die Geheimdienste der USA werden Obama erklärt haben, so Putin, dass eine Schließung von Guantanamo nicht im Sinne der geostrategischen und wirtschaftlichen Interessen der USA sein kann. Menschenrechte spielen dabei keine Rolle. Entscheidend ist, was die Geheimdienste festlegen. Sie und nicht das Volk als Souverän entscheiden, was passiert und was nicht. Die darin deutlich werdende massive Aushöhlung echter Demokratie ist eine Langzeitfolge des Versäumnisses, Gesetze und Politik von einem einseitigen Einfluss der nationalen Wirtschafts-

interessen zu befreien. Deutschland – so Steiner – hätte dafür nach 1919 eine Vorreiterrolle in der Welt übernehmen können. Aber die Chance wurde vertan.

31 Siehe dazu: Thilo Bode (2018), Die Macht der Konzerne. Wie globale Unternehmen die Demokratie zerstören. Frankfurt 2918.

32 David Van Reybrouck (2016), Gegen Wahlen. Warum Abstimmen nicht demokratisch ist. Göttingen 2016.

33 Hans Rosling, Factfulness – wie wir lernen, die Welt so zu sehen, wie sie wirklich ist. Berlin 2018.

34 Ergänzend zu den von Hans Rosling mit viel Enthusiasmus vorgetragenen Fakten sollte man auch die von ihm ausgeblendeten Sachverhalte einbeziehen. Dazu: John Perkins (2005), Bekenntnisse eines Economic Hit Man. Unterwegs im Dienst der Wirtschaftsmafia. München 2005.

35 Man kann sogar alle Einrichtungen und Maßnahmen einer Gesellschaft daran messen und überprüfen, ob sie sich diesem Ideal annähern oder von ihm entfernen. Man nehme als Beispiel die sogenannte „soziale Marktwirtschaft“ und vergleiche sie mit dem Organismus der Lebensorgane und man wird schnell die inneren Widersprüche der sogenannten „sozialen Marktwirtschaft“ sehen: Erst lässt man zu, dass einige „Organe“ viel mehr Sauerstoff erhalten, als sie je brauchen können, und dann behauptet man, dass wir so sozial seien, denn bei uns würde durch die Sozialsysteme jeder zweite Euro „umverteilt“. Dass es vor dieser abmildernden Umverteilung bereits eine erste antisoziale Verteilung der Gesamt-Produktivität gibt, wird völlig unterschlagen. Die soziale Marktwirtschaft ist – das ist natürlich unbestritten – milder als der brutale Manchester-Kapitalismus, aber sie entspricht einem Organismus, in dem das Gehirn ständig allen Sauerstoff und alle Glukose für sich in Anspruch nimmt und fast alle anderen Organe auf einem Versorgungslevel hält, das anfangs noch wohlgesonnen und im Laufe von Jahrzehnten immer mehr zu einem Minimum tendiert und das dann als „soziale Umverteilung“ verkauft. Als Dauerzustand ist das schlechterdings krank. Man vergleiche damit die Formu-

lierung des ersten sozialen Hauptgesetzes bei Rudolf Steiner: *„Das Heil einer Gesamtheit von zusammenarbeitenden Menschen ist um so größer, je weniger der einzelne die Erträgnisse seiner Leistungen für sich beansprucht, das heißt, je mehr er von diesen Erträgnissen an seine Mitarbeiter abgibt, und je mehr seine eigenen Bedürfnisse nicht aus seinen Leistungen, sondern aus den Leistungen der anderen befriedigt werden. Alle Einrichtungen innerhalb einer Gesamtheit von Menschen, welche diesem Gesetz widersprechen, müssen bei längerer Dauer irgendwo Elend und Not erzeugen."*

36 Der Planet Erde wird vermutlich mit seinen Ressourcen sehr wohl die natürlichen Lebensbedürfnisse *aller* Menschen befriedigen können. Nicht aber diejenigen Bedürfnisse aller Menschen, die aus Gier über das natürliche Maß hinaus gehen. Der Grund ist einfach: Die Bedürfnisse aus Gier sind prinzipiell *unendlich.* Gier ist in den meisten, wenn nicht sogar in allen Fällen die Folge einer unerfüllten Existenz. Man versucht dann, sich aus einer verborgenen Unerfülltheit über „Besitz" zu definieren. Man sucht die eigene Identität im „Haben", statt im Sein und im schöpferischen Tun. Daher ist es eine nicht zu unterschätzende Aufgabe der Pädagogik, Menschen in ihrem schöpferischen Potential zu unterstützen.

37 Die IPBES-Studie benennt u.a. folgende Sachverhalte: 85 Prozent der Feuchtgebiete der Erde sind bereits zerstört. Zwischen 1980 und dem Jahr 2000 wurden 100 Millionen Hektar tropischer Regenwald abgeholzt. Der Verlust von Bestäubungsinsekten bedroht die Nahrungsmittelproduktion. In: Das „Globale Assessment" des Weltbiodiversitätsrates IPBES. (...) Auszüge aus dem Summary for Policymakers. 2019.

38 Siehe dazu den TED-Talk der Hirnforscherin Jill Bolte Taylor, die durch einen Gehirnschlag die Funktion ihrer linken Gehirnhälfte fast vollständig verlor und die Welt und ihr Sein nur vermittelt durch ihre rechte Gehirnhälfte erlebte und die anschließend diese Erfahrung als Hirnforscherin wissenschaftlich auswertete. http://www.ted.com/talks/jill_bolte_taylor_s_powerful_stroke_of_insight

39 Jean Gebser (1949 – 1953) Ursprung und Gegenwart. Mün-

chen, 1973. Paul Feyerabend (1976), Wider den Methodenzwang. Frankfurt, 1976. Und: Erkenntnis für freie Menschen. Frankfurt, 1979.

40 Zit nach: Zur Vertiefung der Waldorfpädagogik. Hg. Von R. Niederhäuser, H. v. Kügelgen, S. Leber, J. Tautz. Dornach [2]1990. S. 58.

41 Zit. Nach: Zur Vertiefung der Waldorfpädagogik. Dornach [2]1990. S. 58.

42 Ebenda, S. 53.

43 Zuweilen wird behauptet, dass die Waldorfpädagogik doch auch ganz andere Elemente in sich aufnehmen sollte, die es zu Steiners Zeiten noch nicht gab. Sie könne sich dadurch modernisieren. So pauschal formuliert, ist das falsch. Die Demeter-Landwirtschaft wird nicht dadurch moderner, dass sie gentechnisch manipuliertes Saatgut einsetzt, das es zu Steiners Zeiten noch nicht gab. Die Demeter-Landwirtschaft entwickelt sich weiter durch neue wirksame Präparate, die in den Demeter-Laboren durch eine spezielle Forschung entwickelt werden. Die Waldorfpädagogik entwickelt sich weiter durch Methoden, die aus einem vertieften Erkennen aus Menschenkunde gewonnen werden. Die Integration des Fremden *kann* sinnvoll sein, aber sie kann auch zur Verwässerung oder sogar zur Vergiftung führen, so wie ein Organismus durch Fremdstoffe Schaden nehmen kann. (Vgl. dazu Kapitel 21.)

44 Zit. nach: Dietrich Esterl, Emil Molt. 1876-1936. Tun was gefordert ist. Stuttgart 2012, Seite 227-230.

46 Zahlenmäßig ist diese Mehrheit weit größer als 10:1. Es sei denn, man gewichtet mit Zusatzkonstruktionen die Stimmen von Eltern und Lehrern unterschiedlich oder macht Satzungsänderungen von der Zustimmung des Kollegiums abhängig.

47 Siehe das Buch „Wille zur Verantwortung".

48 *„Man kann die Fragen so stellen, dass sie zu Spannungen führen, und Lösungen erleben lassen. Das bloße Zuhören ist gerade in diesem Lebensalter etwas, was in nicht günstiger Weise auf sie wirkt. Es ist ganz zweifellos, dass zuweilen zu stark in der 9b-Klasse auf das bloße Zuhören gerechnet worden ist. Sobald die Jungen beschäftigt sind, sind*

sie ordentlich. Wenn sie bloß zuhören sollen, so erlahmt, weil ihr Verstand stagniert (?), ihre innere Kraft. (GA 300c, 72)

49 Zur Verdeutlichung: Sir Ken Robinson hat beklagt, dass das staatliche Schulsystem die Kreativität der Kinder ruiniert. Es ist kein Wunder, dass das passiert. Denn man fragt nicht zuerst: Was sind die menschenkundlichen Grundlagen der Kreativität? Man hat zum Beispiel keine Ahnung von der Plazenta des Verstandes, die man aber für die Kreativität berücksichtigen muss. Man hat auch von vielen anderen Sachverhalten keine Ahnung. Sonst würde man nicht nach dem Prinzip vorgehen, Listen darüber aufzustellen, was die Kinder alles wissen müssen. Und dann fügt man ein paar Unterrichtsstunden ein wie Kunst und Theater und „Creative Writing", in denen dann auch die Kreativität zu ihrem Recht kommen soll. Menschenkundlich betrachtet, ist das naiver Dilettantismus. Ohne die Quellen der Kreativität je gründlich untersucht zu haben, geht man von einem gut gemeinten Allerweltsverständnis der Kreativität aus. Und ähnlich verhält es sich im Hinblick auf die Entwicklung des Gedächtnisses, der Urteilskraft, der Begriffsbildung, der Gefühlstiefe, der Willenskraft und etlicher weiterer Kräfte. Statt die physiologischen und psychologischen Grundlagen dieser Fähigkeiten gründlich und tief zu untersuchen und statt die Ergebnisse *in den Mittelpunkt* der Pädagogik zu stellen, geht man umgekehrt vor: Man will die Kinder und Jugendlichen passend machen für vorgegebe Zwecke. Würde man hingegen die menschenkundlichen Grundlagen der Kreativität, des Gedächtnisses, der Urteilskraft, der Begriffsbildung und etlicher weiterer Fähigkeiten *ins Zentrum* des pädagogischen Sonnensystems stellen, so würden wahrscheinlich am Ende sogar kreativere Ingenieure, Techniker, Mediziner die Gesellschaft bereichern.

50 Wolfgang Held hat in einer anschaulichen Reportage beschrieben, wie verschiedene Waldorflehrerinnen und Lehrer konkret arbeiten. Anhand seiner Schilderungen bekommt man einen guten Eindruck davon, in welcher Form das, was Waldorf wirklich will, in den Klassenzimmern lebt. Wolfgang Held (2019), Das ist Waldorf. Stuttgart 2019.

51 Ray Kurzweil, Das Geheimnis des menschlichen Denkens: Einblicke in das Reverse Engineering des Gehirns. 2014

52 Siehe Karl Raimund Popper, Die beiden Grundprobleme der Erkenntnistheorie. Aufgrund von Manuskripten aus den Jahren 1930–1933. Hrsg. von Troels Eggers Hansen. Tübingen: Mohr 1979. Sowie: Karl Raimund Popper (1934), Die Logik der Forschung. Tübingen: Mohr, 1971.

53 Eliud Kipchoge lief jede 200 Meter in 34,4 Sekunden. Ohne Training ist das für die wenigsten Ü-30-Jährigen zu schaffen. Man darf es gerne auf der Bahn (nicht auf dem Laufband) ausprobieren. Wem es gelingt, der darf sich probehalber an der nächsten Hürde versuchen: 400 Meter in 68,8 oder 800 Meter in 2:17,6)

54 Wer jedoch im Unterschied zum Durchschnittsbürger regelmäßig trainiert, könnte etwas länger neben dem Kenianer herlaufen. Allerdings auch nicht viel mehr als einen Kilometer. Warum? Ein normal begabter 30-Jähriger wird monatelang gut trainieren müssen, wenn er 1000 Meter in weniger als drei Minuten laufen will. Nur die wenigsten werden das im Alter von über 30 erreichen. Bei Jugendlichen ist das anders. Wenn sie für das Laufen nicht völlig unbegabt sind und ein oder zwei Jahre lang vernünftig trainieren, dann sind Zeiten von unter drei Minuten kein Hexenwerk. Aber auch nur dann. 1000 Meter in ca. 2:50 Minuten sind z. B. keine ganz schlechte Zeit für einen 12- oder 13-jährigen Sportler. Aber der Abstand zu Kipchoge ist immer noch irrwitzig. Denn ein trainierter Teenager ist, wenn er mit 2:52 seine persönliche 1000 Meter-Bestzeit gelaufen ist, anschließend reichlich erschöpft. Eliud Kipchoge ist aber in exakt diesem Tempo non-stop 42 Kilometer gelaufen. Einem Laien sagt das nichts. Für einen trainierten Sportler, der das Tempo besser einschätzen kann, ist es ein Wahnsinn und doch eine Tatsache.

55 Malcom Gladwell (2008), Outliers: The Story of Success. Dt. (2009) Überflieger: Warum manche Menschen erfolgreich sind – und andere nicht. Campus, Frankfurt 2009.

56 Zum Beispiel: Wer mit 5 Jahren anfängt, Cello zu spielen und

bis zum 17. Jahr im Durchschnitt jeden Tag etwa zwei bis drei Stunden übt (als kleines Kind deutlich weniger, als Pubertierender deutlich mehr), der wird – sehr guten Unterricht vorausgesetzt – gute Chancen haben, als 17-Jähriger Dvoraks Cellokonzert überzeugend aufzuführen.

57 Ein Kind, das jeden Tag 2 bis 3 Stunden ein Instrument geübt hat, steht nach 12 Jahren im Beherrschen des Instrumentes an einer anderen Stelle, als ein anderes Kind, das nur ein bis zwei Zeitstunden pro Woche geübt hat und oft gar nicht. Manche Eltern, deren Kinder nur wenig üben, führen an dieser Stelle an, dass es für sie und ihr Kind gar nicht erstrebenswert sei, dass ihr Kind täglich 2 bis 3 Stunden übt. Aber darum geht es hier nicht. Es geht nicht um die Frage, ob es gut ist für ein Kind, täglich 3 Stunden Klavier zu üben oder täglich viele Kilometer zu rennen wie Eliud Kipchoge oder täglich sich so zu reflektieren wie Daskalos. Es geht in diesem Kapitel nicht um pädagogische *Empfehlungen*, sondern um *Erklärungen* für überragende Leistungen und die erklären sich eben aus den beiden Faktoren „überragendes Talent" und „überragender Fleiß". Wie *sinnvoll* eine überragende Leistung ist, das steht auf einem ganz anderen Blatt und wäre ein Kapitel für sich. (So gibt es Menschen, die in der überragenden Leistung von Eliud Kipchoge etwas total Unsinniges sehen und darauf verweisen, dass ein persischer Onager-Esel den Marathon in 1:30 läuft und der Kulan, ein asiatischer Esel, sogar unter einer Stunde. Da geht es nicht um „Breaking 2", sondern „Breaking 1" ist für den Kulan-Esel überhaupt kein Problem („Breaking 1" = Marathon unter einer Stunde). Warum – so wird gefragt – soll sich der Mensch auf einem Gebiet beweisen, auf dem der Esel dem Menschen von Natur aus und ohne großes Workout weit überlegen ist?)

58 Rudolf Steiner (1904/05). Wie erlangt man Erkenntnisse höherer Welten. GA 10. S. 211-213.

VALENTIN WEMBER

Studien zur Pädagogik Rudolf Steiners im Stratosverlag

Die Fünf Dimensionen der Waldorfpädagogik im Werk Rudolf Steiners
Überblicke, Kommentare, Geschichte, Perspektiven
2 Auflage 2016
(Auch auf Englisch, Französisch, Spanisch, Norwegisch und Niederländisch erhältlich, Chinesisch in Vorbereitung.)

Willenserziehung
Sechzig pädagogische Angaben Rudolf Steiners
Herausgegeben und eingeleitet von Valentin Wember
Methoden der Pädagogik Rudolf Steiners, Band 1
3 Auflage 2016
(Auch auf Niederländisch erhältlich)

Sozialfähigkeiten
Siebzig pädagogische Angaben Rudolf Steiners
Herausgegeben und eingeleitet von Valentin Wember
Methoden der Pädagogik Rudolf Steiners, Band 2

Wille zur Verantwortung
Eine neue Organisationsführung durch Lehrer, Eltern und Schüler an Waldorfschulen. 4. Auflage 2017
(Auch auf Englisch, Französisch, Spanisch, Italienisch erhältlich. Koreanisch in Vorbereitung)

Menschenkunde meditieren
Eine Wegbeschreibung zur Zentralmethode der Pädagogik Rudolf Steiners
Methoden der Pädagogik Rudolf Steiners, Band 3
(Auch auf Niederländisch erhältlich)

Management
Ein Leitfaden für Waldorfschulen
Band 1 Prinzipien und Techniken